高橋哲哉
TAKAHASHI Tetsuya

憲法のポリティカ

哲学者と政治学者の対話

岡野八代
OKANO Yayo

白澤社

はじめに――未来を奪おうとする力に抵抗するために

二一世紀に生きるわたしたちは、暴力にどう立ち向かうべきか。

本書が公刊される直前に「イスラム国」で二人の日本人が殺害されました。その後、安倍首相は、「世界は変わったのに日本人の頭は七〇年前と同じ」として、安全保障法制とさらに集団的自衛権の行使に向けて強い意欲を示しました。

本書では、安倍首相とは逆に、わたしたちは平和憲法の下で武力を行使することなく、平和に繋がる知恵を紡いできた、少なくとも紡ごうとしてきたことに目を向けます。まだまだその努力は足りないかもしれないけれども、暴力の後にその暴力に立ち向かうためには、何が必要なのかにわたしたちは気づいているはずだと論じられます。とりわけ、中東諸国で日本がこれまで一人として人を殺してこなかったこの七〇年の歴史は、七〇年前と同じどころか、平和を築く市民の力を養ってきたはずです。その力をもって、わたしたちはどのように暴力に立ち向かえばよいのか。歴史の傷、圧倒的な武力によって破壊された人びとの絆や歴史、文化、そして記憶をいかに回復していけばよいのでしょうか。

約二〇年ほど前、高橋哲哉さんとわたしの出会いを可能にしてくれたのは、日本軍〈慰安婦〉問題をめぐる戦後責任論でした。

一九九三年に「慰安婦関係調査結果発表に関する河野内閣官房長官談話」が発表され、そして九五年に村山内閣総理大臣談話である「戦後五〇周年の終戦記念日にあたって」が出され、戦後五〇年を機に、朝鮮半島や中国、そして東アジア諸国に対する日本帝国主義の植民地主義や加害責任について、市民をはじめ多くの研究者たちの関心が高まっていました。わたしもまた、国家と〈わたし〉の政治的・歴史的な関係をめぐる思索を始めました。九一年八月一四日に被害者として世界で初めて名乗りをあげた金学順《キムハクスン》さんの告発に突き動かされ、朝鮮半島以外からも次々と声を上げ始めた女性たちの姿は、政治的な難題、つまり国家と暴力、国家とジェンダー、戦争と性暴力、戦争犯罪と戦後責任、そしてなによりも、いまの〈わたし〉と過去の戦争犯罪との間にどのような関係が存在しているのか、といった問いをわたしに気づかせてくれました。

本書の対談のきっかけともなるそうした問いは、一方ではわたしの限界を知らしめる苦い問いでもありますが、他方では、これまで見ていなかった世界に旅立つような、なによりも、それは新しい自分を発見する喜びをもたらしてくれました。そして言うまでもないことですが、新しい自分を発見するということには、他者との出会いも含まれています。その一人が、当時すでに『逆光のロゴス』(一九九二年)や『記憶のエチカ』(一九九五年)などの著書を公刊され、フランス哲学のみならず、ハンナ・アーレントなどの政治思想家の議論にも詳しい、哲学者の高橋哲哉さんでした。

本書における対談は、高橋哲哉さんと政治思想史とフェミニズム理論を専門とするわたしが、同じような出会いを経験しつつも異なる歩みを続け、現在の憲法をめぐる政治状況のなかで二〇年ぶりに再会し、現在に照らしつつ、二人の異なる歩みを振り返るような作業となりました。本書を手にとっていただくみなさんにも感じ取れるかもしれませんが、この再会はけっして喜びに溢れる再会ではなく、わたしにとっては、あれから二〇年たって〈なぜ、今わたしはこんな時代に生きているのだろうか〉という、これまた自分一人ではとても答えを出せない、ヒントすら見いだせない問いを、高橋さんに一緒に考えてほしいという焦燥感にも駆られるような再会でした。二〇年前に開かれた未来への扉が、こんなふうに憲法、そして集団的自衛権の行使の可否といった問題へと続いているとは、自分でも思ってもみませんでした。

一九九三年まさに河野談話が発表された同年、国会議員となった安倍晋三氏は、「戦後レジームからの脱却」を政治的使命とし、現行憲法を否定することを至上目的とするかのような行動をとり続けてきました。かれのHPを見れば、かれがなぜ現行憲法を否定したいのか、その理由が書かれていますが、その第一の理由は、GHQ司令部が憲法草案を作成したからだといいます。つまり、〈わたしたち〉日本人ではないアメリカ人が作ったものであるから、という理由が大きく取り上げられており、現行憲法の内容そのものに触れているのは、第九条と前文についてのみです。

安倍首相、そして現在かれを支持する人びとは、憲法とは、国家という巨大な暴力装置と強制力を備えたシステムのなかに生きざるを得ない、無力で小さな個人の生がよりよく生きられるために、人類が長い年月をかけてようやく手に入れた英知であるという事実に見向きもしません。二〇世紀は戦争の世紀とも呼ばれ、人類史上最悪の殺戮が繰り広げられた世紀でした。第二次世界大戦に日本も参戦し、当時の日本人被害者以外に、二〇〇〇万人もの人びとを殺しました。現行憲法は、そうした戦争をし、その戦争に負けた歴史のうえに書かれた法です。誰が憲法を作成したか、といった議論よりも、この歴史のうえに現在の〈わたしたち〉が生きているという事実のなかで書かれた法であることを、わたしは重視しています。この七〇年の経験は、暴力に抵抗するのは、暴力の行使では決してないことを教えてくれました。二一世紀は「テロの時代」と呼ばれるかもしれませんが、二〇〇一年同時多発テロ事件後すでに、暴力はさらなるテロを育むことをわたしたちは目の当たりにしてきました。

暴力の連鎖を断ち切る試みとして、九一年の金学順さんの告発に応答する責任を感じた市民は、二〇〇〇年一二月東京において「日本軍性奴隷制を裁く女性国際戦犯法廷」を開催しました。市民たちの手による法廷は、五〇年以上も放置され続けた戦争犯罪を公の裁きの下で明らかにし、なぜ性奴隷制を旧日本軍は必要としたのか、その責任は誰にあるのか、戦争被害は決して戦争の副産物のようなものではなく、誰かの手による犯罪であることを歴史に刻み、二一世紀は平和の世紀となるように、という祈りが込められていました。国家暴力を歴史に刻むことは、同じような暴力が二度と起らないようにという、未来への希望と約束の意味が込められているのです。

二〇一四年八月五、六日付の『朝日新聞』が、韓国済州島での暴力的な女性の連行にかかわる故吉田清治氏の証言に信憑性がないことを認めた謝罪記事をめぐって、安倍首相を初めとした、メディアや日本社会の動きには、国家暴力の痕跡を見たくない、知らせたくない、だから隠したいという幾重にも重なる否定の意志が表れています。

第一次安倍内閣時の二〇〇七年、すでに「狭義の強制連行はなかった」と発言していた安倍首相は、まるで吉田証言が韓国だけでなく国際社会の世論を決めてしまったかのような発言をさらに繰り返しました。そうした一国の首相の態度がさらに、メディアや世論の一部のなかに、あたかも戦時性奴隷制度がなかったかのような思い込みに拍車をかけました。

二〇一二年に公表された自民党の改憲草案をみてください。その前文には、日本国は天皇を戴く国である、と書いてあります。社会において誰か一人でも、頂点を占めてもいいと認めることは、その下に必ずピラミッド型の支配＝従属関係を認めることを意味します。天皇を戴くその下には、天皇を直近で支える権力者たちがいて、その下には権力者の取り巻きがいて、という形で延々と序列ができていくでしょう。かつての天皇制の名の下に、日本軍は強固な序列を暴力的に維持し、たとえば、水木しげる氏の言葉を使えば、「将校、下士官、馬、兵隊といわれる順位の軍隊で兵隊というのは、〝人間〟ではなく馬以下の生物と思われて」いました（『総員玉砕せよ！』講談社文庫あとがきより）。そして、その兵隊の下にも、「慰安婦」が支給品のようにあてがわれました。

現行憲法における法の下の平等原則は、こうした過酷なひとの序列化という無残な経験のうえに書かれています。二〇年前にわたしたちは、その経験の一端に出会ったわけです。その後も、忘却されていた、あるいはされつつある経験を取り戻し、少しずつではあれ、未来に近づこうとしてきました。

ところが、二〇年が経過し、わたしたちは、その経験を無にしたいという強い欲望にも取り囲まれるようになりました。第二次安倍内閣とは、そうした欲望を掻き立てつつ、その欲望を利用しながら力を得てきました。ただ、二〇一四年一二月の突然の解散総選挙前には、選挙の争点をアベノミクスだと宣言し、自らの政治使命である「戦後レジームからの脱却」つまり、憲法問題については明言を避けていたことからも伺えるように、わたしたちの未来への展望はまだ、見失われているわけではないでしょう。ただ、最初に触れたように、目の前の暴力に対して、どのように応じるのかという強い責任を私たちは問われています。暴力の連鎖を断ち切るのは、暴力ではできないはずです。

わたしと高橋さんの二〇年の歩みを追体験してくださるみなさんと、過去を閉ざすことで未来（＝他者との出会い）を奪おうとする力に抵抗するために、本書を通じて新たな一歩を踏み出せることを願っています。

二〇一五年一月

岡野八代

憲法のポリティカ――哲学者と政治学者の対話◉目次

はじめに――未来を奪おうとする力に抵抗するために（岡野八代）・3
凡例・14

I 改憲問題と立憲主義

1 なぜ憲法問題にかかわるようになったか――16
きっかけは「慰安婦」問題・16
国民とは何か・17

2 「安倍的なもの」――22
「美しい国」の醜さ・22
敗戦を否定したい気持ち・25
「安倍的なもの」とは何か・28
「安倍的なもの」の歴史認識への介入・30
日本国憲法改正への布石、二〇〇六年教育基本法改悪・33
「個人主義」フォビア・36
「安倍的なもの」を支持するのは誰か・41
「幸福な若者たち」の現状肯定・45

レスポンシビリティ（応答責任）・47

3　これは憲法ではない――51
護憲か、改憲か、それとも選憲か・51
憲法前文の重要性――普遍の原理「個人の尊厳」・55
九七条削除が意味するもの・59
「普遍の原理」から「天皇を戴く国家」へ・60
「生まれながらにして持つ人権」と「国から認めてもらう人権」・62
「公共の福祉」と「公益及び公の秩序」・63
「個人」と「人」・65
マイノリティの権利を・67
二四条と婚姻可能の条件・70
「助け合う家族」と福祉切り捨て・72

Ⅱ　日本国憲法九条をめぐる問題

1　立憲主義には九条こそが似合う――82
立憲主義と軍隊・82
「常備軍は全廃されるべきである」カント・85
軍事力は平和を生み出さない・88
解釈改憲は認められない・92
失われる憲法の規範力・95

「まず、総理から前線へ。」・98
「靖国」という犠牲のシステム・101
アーリントンと靖国・104
九条は新しい平和の可能性・106

2 戦争と天皇制 109

戦死者の別の記憶・109
靖国の母・111
兵士の死を意味づけるもの・113
天皇イメージと天皇制・115
天皇の戦争責任・118
特権を肯定する制度・121
天皇なきナショナリズム・124

3 憲法問題としての沖縄 127

天皇メッセージと沖縄・127
異常な基地負担率・129
平和憲法の幻想・132
主権の及ばない領域・135
九条を守るだけでは解決しない・137
基地があることによる脅威・141
連帯の困難さ・143
これは差別の問題だ・145

このままでは何も変わらない・148

4 九条を無効化する集団的自衛権の行使容認 151
国民を愚弄する閣議決定・151
個別的自衛権と集団的自衛権・153
九条を無効化する解釈は許されない・155
紙芝居にだまされるな・157
対米隷従する幻想の主権国家・162
「守ってやる」という脅し・164

Ⅲ 憲法をめぐる思想的課題

1 人道的介入のジレンマ 170
人道的介入・武力行使・170
空爆で人を救えるか・173
ナチスを倒さずにいたらどうなったか・175
武力介入以外の方法はないのか・178

2 死刑の論理と憲法 183
憲法に加えたい死刑廃止・183
残虐な刑罰の禁止・185
被害者遺族の感情と修復的司法・188
公共の福祉と死刑の論理・192

死刑存置の論理をどう崩すか・195

3 誰が憲法をつくるのか――200
法は誰かのものではない・200
〈わたしたち〉のものではないが、〈わたしたち〉のものである・203
〈わたしたち〉の独裁・206
法創設の主体は事後的に成立する・207
「わたしたち国民」とは誰なのか・211
関係性のなかの主権論・214
他者とのかかわりのなかで個人は成り立つ・218
夢見る権利・222
国境という壁とレイシズム・226

4 日本国憲法一〇〇年の市民革命――232
国民主権に代わるものは何か・232
ケアの倫理と国際関係・235
諸国民の公正と信義に信頼する力・240
市民として動く・246

あとがき（高橋哲哉）・251

凡例

一、本書の対談は、二〇一四年五月および六月に収録したものである。ただし、二〇一五年一月までの政治情勢を反映し、校正時に一部修正を加えた箇所もある。

一、対談文中の〔 〕内割注および、※1などの章末注は、編集部で補ったものである。

I

改憲問題と立憲主義

1　なぜ憲法問題にかかわるようになったか

きっかけは「慰安婦」問題

高橋　岡野さんとはお久しぶりなんですが、この間《かん》、憲法をめぐって活発に活動されていますね。そもそも最初にお会いしたのは、実はずっと以前でした。

岡野　本当にお久しぶりです。最初にお会いしたのは「女性・戦争・人権」学会の立ち上げのころで、一九九六年だったでしょうか。

高橋　そのころの印象ではとてもお若い、学生さんのような……。

岡野　そうです、まだ院生でした。

高橋　私の目には、「慰安婦」問題を自分の問題としてどのように引き受けられるか、語りうるかということにすごく悩んでいて、一所懸命、道を探しているように見えました。その後は、政治学の研究者として一本立ちされ、大活躍されているのは知っていましたけれども、まだ憲法まではちょっと距離があるかなとも感じていました。ところが、今や京都九六条の会の代表をなさっているわけでしょう。それにはどういうきっかけがあったのですか。

岡野　やはり「慰安婦」問題が大きいんです。私が「慰安婦」問題に出会ったのは、九三年から九五年にかけてカナダに留学しているときでした。これは『法の政治学』（青土社）の中でも書いていますが、ちょうど尹貞玉《ユンジョンオク》先生〔梨花女子大学元教授。韓国挺身隊問題対策協議会創設時の会長、元共同代表。〕の『朝鮮人女性がみた「慰安婦問題」』（三一書房、一九九二）という本の書評がカナダの日系コミュニティ新聞に出て、日系の人が日本人を侮辱しているといって、すごくそれに反発していたんです。その時、なぜこの人はこんなに我がことのように怒っているんだろうと思いました。というのも、尹貞玉先生や朝鮮半島の旧植民地の被害に遭った人たちの怒りの矛先は日本政府で、日本人一般をおとしめるためではない。私も日本国民として日本政府に怒りがあって、自分がおとしめられているという気持ちはなかったので、政府に対する批判を我がことのように受けとめる心性とはなんだろうと、ある意味でショックでした。

そのとき私は、では日本人って一体何なんだろうという問題に出会ったわけです。

国民とは何か

高橋　同じ日本人でも、自分はちょっと違うんじゃないか、その日系の人のように、血のつながりのようなところですぐに反発してしまうのはおかしいのではないか、という感じだったんですか。

岡野　それまで私にとっては、ネーション（国民）は血のつながりによって出来上がっているという感覚が大きかった。けれども、私が尹貞玉先生の本を読んで感じた日本国家に対する怒りは、日本人をバカにしていると怒っている人の感じ方とはやはり違う。同じ日本人だけれども、彼の

もっているアイデンティティと私のもっているアイデンティティが違う。それで国民って何だろうと考え始めたんです。九〇年代当時は国民国家論がさかんに議論されていて、憲法との関係でいうと、ドイツのユルゲン・ハーバーマスが憲法パトリオティズム[※1]を言い始めたころでした。

高橋　当時はネーション・ステート（国民国家）についての議論が花盛りでした。とりわけ、国民国家の時代はもう終りで、それはいずれ消え去るようなもので、自分はもう国民国家の枠は乗り越えたのだ、というような議論がはやっていた時期でしたね。

岡野　私が留学していたカナダは移民国家なので血統を根拠にできない。カナダ政府の白書には、社会契約論の立場がはっきりと示されています。カナダが多民族国家であることや、民主主義国家であること、人権を尊重していること、国際協調主義といった理念のうえに難民もたくさん受け入れている。その国家との契約としてカナダ国民になる。

高橋　カナダは、ヨーロッパの古い国民国家に比べれば、アメリカと同じでまったく新しい人工的な国なので、国家の成立の際のいわゆる国家創設の暴力が見えやすい国ですが、そこを社会契約説、つまり政治思想の教科書的な近代国家のセオリーで隠蔽し、国民国家の正当化をしていると

もとれますね。

岡野　そうです。先住民に対する創設にかかわる暴力の問題は残り続けますが、理念にしかカナダ国民のアイデンティティはない。私が国民とは何かと考えたときに、やはり、国家の基盤になっているような理念があって、民主主義でも自由でも人権でもいいんですが、国民になるということは、その理念に同意していくというような、フランス的な社会契約の理想のような考え方をもっていましたし、当時はそのような考え方が強かったんですよね。

そのときに「慰安婦」問題に出会って、私が日本国民として「慰安婦」問題にかかわるとはどういうことかを考え始めた。私は、国民であることの基礎づけとして憲法という国の法制度が大切だとずっと思ってきました。それは、日本人から生まれたから日本人であるといった血統主義とは違う、国家の構成員の一人としての基礎づけです。

高橋　それはよくわかります。私も社会的な発言をし始めたのは、九〇年代の「慰安婦」問題がきっかけでしたから。そういう問題は憲法の問題にどこかで必ずつながっていく。特に戦後日本の場合は、憲法認識と歴史認識とは表裏一体のように結びついています。ですから、そこから憲法にいくというのはよくわかります。

ただ、国民国家論、あるいは国民とは何かを研究することと、改憲問題が出てきているいま、具体的に市民社会の中で声を上げて積極的に活動していくことの間には、やはり少しギャップがあるように感じます。だから、岡野さんの中ではどのようなきっかけがあったのか、うかがってみたかった。

岡野　「慰安婦」問題の解決について、被害者や支援者たちが日本政府が法的責任を認めないといけないというスタンスを取っていたときに、日本政府は一貫して法的問題は解決しているという立場でした。この国はあの「慰安婦」問題に対して法的に責任を認めない、女性に対する人権侵害について国家として責任を認めないということは、これからも何かあったときには女性をあんなふうに扱っても当然なんだということを発信しているんじゃないかと感じ始めました。この国の女性に対する扱いの根幹には「慰安婦」問題があるのではないかと。

人間は互いに狼であって、だからこそ軍隊は必要だ、みたいな言い方はよくなされます。しかし軍隊というものは、裏では慰安所をはじめ、女性に対するさまざまな暴力や抑圧を繰り返しているわけです。日本という国家がそれを反省していない。いまだに安倍晋三首相とそのシンパの政治家たちは、元「慰安婦」被害者をおとしめるような発言を何度も繰り返している。その安倍政権の進める改憲案です。これは黙っていられないと感じました。

高橋　近いところでは、二〇一三年に橋下徹氏の発言がありましたね。橋下氏は、「慰安婦」について、当時兵士を休息させるためには慰安婦制度が必要だった、他の国でもあったことなのに日本だけが批判されるのはおかしいと言った。彼はまた、沖縄の米軍普天間基地の司令官に会った際、日本には性風俗産業があるんだから米軍も利用してみたらどうかと言った。[※2] 橋下氏の発言が国際的に厳しい批判を受けたとき、安倍首相は国会で、あれは私の考えとも違うし、自民党の考え方とも違うし、内閣の考え方とも全然違うと言いましたが、彼はその前年の二〇一二年、産経新聞のインタビューに応えて「橋下徹氏は私の戦いの同志だ」と言っている。河野談話[※3]も見直す、強制連行の資料がなかったという自分たちの閣議決定を使ってくれたと言って、同じ考えだと言っています。まったくの二枚舌なんだけれども、そういうことがあった。

最近では、ＮＨＫの籾井勝人会長の会長就任会見での発言がありました。[※4] 籾井氏は安倍人事でＮＨＫに送りこまれた会長ですが、やはり橋下氏と同じようなことを繰り返した。なぜ日本だけが叩かれるのか、韓国はいつまでもこだわっていておかしい、他の国でもあったと言った上で、なんとオランダの飾り窓だってあると言ったわけですね。橋下氏とまったく通底しています。基本的には安倍氏の中にもそういう感覚があるんじゃないかと思いますね。

2　「安倍的なもの」

「美しい国」の醜さ

岡野　一〇年前の小泉政権のときに、ちょうど自民党が結党五〇周年を目指して改憲草案を出すと言ってプロジェクトチームをつくり、小泉純一郎首相（当時）の相当な人気のもとで改憲を目指した。しかもアメリカのいいなりに規制緩和をして、日本のある意味での国益に反するようなことをしたわけです。労働規制緩和もそうです。労働法を改悪して、人気をかさに非常な格差の原因をつくった。そのあと出てきたのが安倍晋三氏でした。

高橋　安倍氏は小泉氏以上の規制緩和論者、ネオリベじゃないですか、実態は。

岡野　そうです。ちょうど二〇〇五年あたりに安倍氏が出てきた。『美しい国へ』（文春新書、二〇〇六）という本も出た。よく、これも何か悪い冗談のように話すのですが、「ウツクシイクニ」とカタカナで書いて、後ろから読むと「ニクイシクツウ」になるんですよね（笑）。

高橋　憎いし苦痛。面白い（笑）。初めて知りました。

岡野　実際に、いかに格差が拡大し、しかも今でいうブラック企業のようなところが増えてきたことか。労働者は仕事を得るために自分を安売りするほかない。中野麻美さんが『労働ダンピング』

（岩波新書、二〇〇六）という本を出されていますが、まさに労働ダンピングと呼べるようなケースが増えてきました。女性の貧困が今、ようやく問題になっていますが、すでに小泉政権のころに女性の貧困はかなり広がっている。私たち市民の暮らしが大打撃を受けている中で、ナショナリスティックな人たちが出てきて敵をつくり憎悪をあおって、人々の不満をそちらに向ける。典型的な手法ですよね。「美しい国」の議論がこんなに醜く、人心を荒廃させる。でもいったん安倍氏が政権運営に失敗して、民主党政権になった。ところが、東日本大震災と東京電力福島第一原発事故などの問題もあって、あまり民主党政権がうまくいかずにまた政権交代となり、また、安倍氏が出てきた。これは何か悪夢を見ているようで、言葉を失うぐらいショックでした。その時の選挙〔二〇一二年一二月一六日の衆院選挙。〕の自民党のポスターが「日本を、取り戻す。」でした。日本を取り戻すって誰に取り戻すのか。少なくとも日本に住んでいる私たち市民の手に取り戻すのではないことは確かです。この間、安倍氏の発言をみていて、今までになかったむき出しの権力欲をすごく感じます。

2012年12月総選挙時に街角に貼られた
自民党ポスターのキャッチコピー

高橋　「強い日本を取り戻す！」という表現もありました。『美しい国へ』を少し変えただけで出てきた『新しい国へ』（文春新書、二〇一三）の「あとがき」を見ると、「戦後レジームからの脱却」という目標は第一次政権のときと何も変わっていないと言ったうえで、「日本を、取り戻す。」

というのは、民主党政権から日本を取り戻すという意味ではないと言っている。戦後の歴史が日本国民からこの国を奪ってきた。だから、戦後の歴史から国を日本国民の手に取り戻すんだと言うんですよ。戦後レジームからの脱却とはそういう意味なんですね。これは論理的に考えれば戦後全否定になりますから、取り戻されるべき日本とは戦前、戦中の日本ということにならざるを得ない。そうしたら、強い日本というのは軍事的に強い、最後は負けましたけど、軍事的に強い日本という意味なのか。論理的にはそうならざるを得ないですよ。

でも、この本がめちゃくちゃなのは、他方では、「戦後の日本人は自由、人権、国際貢献、そういう国をつくってきた。自分たちの手でつくってきたこの国を、今後も決して変えるつもりはない」とも言っている。完全に矛盾している。そういう矛盾をものともしないで、傲然と権力に居座っているのが安倍氏だと思います。

例えば日米同盟を語るときには、自由と民主主義、市場原理を共有する、同じ価値観を共有する国だと言う。韓国にも、いざとなったらそれを言うでしょう。相手によって言葉を使い分けている。めちゃくちゃだと思いますけどね。

岡野　中国に対するメッセージでは、国際法の秩序を守れと言うわけですよね。ところが、自分はどうなのか。自国の憲法も無視している。

高橋　安倍晋三という政治家のコアな支持者が、内閣を構成していたり、NHKの経営委員会[※5]に入ったり、法制局長官[※6]になったり、そうして安倍政権を支えていますが、何といっても安倍晋三という政治家自身に対する危機感が一番大きいですね。

敗戦を否定したい気持ち

岡野 安倍氏の『美しい国へ』では、憲法前文に関して、「諸国民の公正と信義に信頼」することが「威勢よく言っているように聞こえるけれども、やはりこれは人任せで、あまりにもいじましい」と書いています。当時は国際社会といっても、もちろん戦勝国、列強のつくった秩序だから、そこに依存しているようで非常にいじましい気持ちがすると言うんです。なんとか自分たちが国をつくったという自信をもちたい、逆に自分を超えたもの、国家を超えたものに対してそこに依拠することが恥ずかしいと思う、普遍の原理に対する強い反感のようなものが見て取れます。

人を信頼できることというのは、「囚人のジレンマ[※7]」ではないけれども、軍備増強の負のサイクルに入っていかないための国際社会の、一つの大きな知恵です。やはり相手を信頼するからこそ信頼してもらうという、外交の技術のような、アートのようなものがあるはずなんです。ところが、安倍氏のような人たちは、特に「慰安婦」問題や歴史認識でも、自分たちが負けていると言う。自分たちも強い歴史認識をもって出し抜かないといけないというような、すごく競争的な、自分がとにかく上に立っていないと落ち着かない感覚が見えてきます。なぜこんなに自信がないんだろうと、逆に思います。

高橋 一つは敗戦のルサンチマンがあるでしょうね。安倍氏の人物論をやってもあまり意味がないかもしれないけれど、やはり、おじいさんの歴史を否定されたくない、肯定したいという気持ちがあるのだろうと思います。彼の祖父、岸信介〔一八九六・一九八七。首相在任は、一九五七年二月～六〇年七月。〕は、戦前は満州支配にかかわった支配層の一人ですし、東条内閣の開戦時の閣僚（商工大臣）ですし、中国人強制連行のときの担当大臣です。そういうわけでA級戦犯容疑者として巣鴨プリズンに入った。その後、アメリカの政策変更、いわゆる逆コースの中で釈放されて復権し、反共保守主義者としてアメリカに利用された。ＣＩＡの資金も流れ込んでいたという話です。そうして戦後は親米主義者になり、六〇年の安保改定をやった。

ですから安倍氏は、戦前戦中の大日本帝国の歴史を否定されたくないし、戦後の親米反共路線、あるいは日米安保体制、それはおじいさんが確立したものだから、これも否定されたくない。彼の「お友達」もそういう人たちで、彼の自尊心、それもおじいさんが偉い人だったというところに結びつくような自尊心をくすぐってくれる人たちとしか見えない。

麻生太郎氏も同じで、先祖が戦前戦中の支配層に属していた二世議員、三世議員たちは、今もたぶん生まれながらにして自分たちがこの国の支配層、統治者階級なのだという感覚があって、国と一体化して、国が侮辱されているとか、かつて敗戦国になったというのが大きなトラウマなのではないでしょうか。今、岡野さんがおっしゃった、安倍氏に感じるものは、そこにつながっているように思います。

ここまでは「統治者階級」の中での話ですが、広くいえば一般庶民にも似たような感覚がある。

あのような支配層の下で国を挙げて植民地支配や侵略戦争をやったという意識もなく、とにかく戦争をやった。残念ながら負けてしまったけれども、自分の祖父たちはそんなに悪いことをしたわけじゃないだろうと。それを否定されたくないというのが、たぶん今の子や孫の世代、さらにひ孫の世代まである。とりわけ、孫の世代、ひ孫の世代になると、自分の祖父母や曽祖父母が戦時中に経験したことを見てもいないし、聞いてもいないから、単純素朴に、自分の国のいわば汚点として認めたくないということがあるのではないか。

簡単に言ってしまえば、一九四五年まで日本は帝国主義国家であって、それが惨憺たる敗戦によって国のかたちを変えられた。それに由来するルサンチマンが、いまだに実質的にも、さらには空想的というか、実体験を伴わないかたちでも、何らかのかたちで伝わっているということではないでしょうか。そうでなければ理解できない部分が多すぎます。

岡野　日本国内では九五年以降、特に二一世紀になってからは戦後責任もあまり言わなくなりました。九五年がピークで、「新しい歴史教科書をつくる会」の強烈な反撃が始まって、バックラッシュの方が強くなってしまった。それ以降の若者にとっては、おじいさんの話もたぶん聞いてないかもしれないし、まったく知らないところで、国際的な場で「日本はかつてこんなことをして、まだ謝っていない」と言われると、強い衝撃を受けると思うんです。日本は国際社会の中で、どうしてこれだけ非難され続けないといけないんだと、素朴に思う。やはり九五年以降、そういう土壌がつくられてきたのは確かだと思います。

高橋　そう、やはり九五年が転換点でしたね。

「安倍的なもの」とは何か

岡野　「安倍的なもの」とは何か。九六条改正を唱えていたときは、主権の最も直接的な発動である憲法改正からなぜ国民が遠ざけられているのかと訴えていました。一面では確かにそうかもしれない。でも彼らの言う、国民に取り戻すとは、おそらくこれもまた二枚舌で、本当に国民の手に主権を取り戻すことなどほとんど考えていない。自分たち政治家や大企業、そういう一部の人たちが運営しやすい国に日本をつくり替えたいということだと見えます。それにもかかわらず、国民が国のかたちを決められないのはおかしいと安倍氏は言う、その矛盾もすごく感じます。

高橋　これは政治学者の岡野さんにうかがいたいところですが、政治における言葉の意味というのは、大問題だと思うんです。政治における嘘の問題というのもあるでしょう。アーレントも論じているし、デリダも論じた。今出た話でいえば、国民に憲法を近づけるため九六条を改正しようと言っていたのに、今度は集団的自衛権の解釈改憲で、これは要するに国民投票なしで憲法解釈を変えようということですから、まったく逆のことを言っている。ご都合主義も甚だしい。

岡野　目的のためには手段を選ばないのは明らかです。私は大学で政治学を教えています。講義ではM・ウェーバー（『職業としての政治』）を使いながら、心情倫理と責任倫理は違っていて、政治というのは結果責任で、どういう結果をもたらしたかに責任がある、と教えていたこともあります。たとえ善意でしたことでも、悲惨な結果をもたらしてしまえば、それはやはり政治的な責任を取らないといけない、という話を政治学の授業ではしています。

高橋 当然そうなりますよね。

岡野 ところが、日本の政治家は責任を取って辞めますとよく言いますが、実は何の責任も取らない。大臣を辞めたり、党の役職を辞めたりはしますが、国会議員は辞めない。政治的責任が軽く扱われている証拠です。政治とは、自分以外の人に影響を及ぼすことを決めないといけない、非常に重い責任のある危険な営みなのです。だからこそ国会があって熟議するという仕組みがある。いかに政策のパターンを見直し、そこでもっとも不利益を被る人たちにとって政治に何ができるかを言わないといけないのに、私が大人になってからは政治家が政治的責任をとったところを見たことがない。大学で教えていても、これでは学生たちが政治学を嫌いになるなと思います。政治家って最も責任を取らないですよね。

高橋 まったくそう。それでも、戦後日本のある時期までは政治の中にそういう政治的責任の取り方は、まだ多少は残っていた。今の安倍政権になってからは本当にめちゃくちゃです。この間、安倍首相でも、あるいは閣僚でも、あるいは首相の側近といわれる政治家でも、NHKの会長や経営委員でも、内閣法制局長官でも、これまでだったら到底その地位にとどまれないような発言をしている。ところが、誰も辞めない。これは、もちろん責任を追及する野党やメディアの問題も大きいけれども、本来、政治的責任というものは自ら取るものでしょう。どういう結果をもたらしたか、自分の責任の重さに照らして自分で判断するものだと私は思うのですが、そういうものがまったくなくなってしまった感がある。

もう一つそれで思い浮かべるのは、東京電力福島第一原発事故です。これはいくつか調査報告書が出ていて、その中で国権の最高機関たる国会の事故調査委員会の最終報告書では人災と断定されたわけでしょう。人災だったらその責任者が当然いるわけですけれども、誰一人責任を取って辞めた者はいない。東京電力にもいないし、政府規制当局にもいない。福島原発告訴団とか、相当数の人が告訴・告発して刑事責任を追及しようとしたけれども、これも今までのところ全部不起訴になっています。[※8] この事故は人災だったといっても誰一人責任を取っていない。だから丸山眞男の言った「無責任の体系」ということが、またぞろ問題になってくるわけですね。

これは「慰安婦」問題を含む戦争責任や戦後責任の問題ともつながることです。

「安倍的なもの」の歴史認識への介入

岡野　「安倍的なもの」と先ほど言いましたが、安倍氏が九三年に政治家になってから、彼はずっと、戦後日本の歴史を否定してきた。「日本の前途と歴史教育を考える若手議員の会」で活動していて、戦後の教育、特に歴史教科書に関しては、自虐史観で戦争が悪かったということを教え続けているから日本はこんなに自虐的な国になった、と言っていますが、日本の右肩上がりの時代を支えてきた世代はまさにその教科書で育ってきました。

高橋　そこも矛盾していますね。

岡野　そうなんですよ。私も彼らも同じような教科書を使っていたはずなのですが、全然自虐的だと感じない。私は八〇年代の若者なので、バブリーな時代で脳天気だったかもしれないですけど、でも、世界のなかでの日本のある種のステータスには自信をもっていた。日本のさまざまな商品、技術やサービスには結構自信のもてるものがあった。むしろ教科書が悪いとか、日本を取り戻せとか言っている人たちの方がよほど自虐的で、日本のいいところを全然見ていない。

安倍氏は政治家になってからずっと、日本は他国からも見下されて、ばかにされて、自信がないと見られていると発信し続けている。やはりこの二〇年の安倍的な発言によって、日本が見下されている、閉じこもっている、反省ばかりしていて過去にとらわれすぎているというイメージがかなり浸透したのではないでしょうか。

高橋　「安倍的なもの」に対して、断じて同ずることができないという、それは私もまったく同じです。今回の安倍政権は本当に自分が生きてきた中で、一九六〇年代ぐらいから物心がついて、七〇年代、八〇年代とずっと見てきたけれども、最低最悪の政権だと言わざるをえない。

私自身、いわゆる戦後責任問題について発言をし始めたのは「慰安婦」問題がきっかけです。これはやはりすごく大きかった。そこに最初から安倍氏が絡んでいるんですね。彼が事務局長をやっていた「日本の前途と歴史教育を考える若手議員の会」から出した『歴史教科書への疑問』という本があります。そこで安倍氏が、「慰安婦」の人たちの証言は全然信用できない、しかも、韓国では今もこういうことがしょっちゅう行なわれている、そういう社会なんじゃないかと、完全に韓国を見下した発言の記録が本に残っています。

特に私が安倍という政治家を意識したのは、彼が官房副長官のころ、二〇〇〇年に開かれた「日本軍性奴隷制を裁く女性国際戦犯法廷」は「北朝鮮の工作員」が仕掛けたんだという発言をした。私はその発言を聞いて、「女性国際戦犯法廷」が行なわれた経緯を知っていれば、到底そんな発言が出てくるはずがない。何を根拠にそんなことを言っているのか。根拠もないのに、ある種の政治的な扇動のためにそういう発言を平然とする政治家が現れたなという感じでした。そう思っていたら、あのNHKのETV番組改変問題[※9]で出てきたのがやはり安倍氏でした。同じく衆議院議員だった中川昭一氏と一緒に、NHKの幹部を呼びつけて、「公平にやれ」と言ったと。番組改変事件は、その渦中にいた私個人にとっても大きな問題でしたが、その後の「慰安婦」問題の経緯にも少なからず影響があったと思います。NHKの報道姿勢がまったく変わってしまいましたし、ほとんど報道しなくなりましたしね。

あのときは朝日新聞が、NHKに圧力をかけたのは安倍氏と中川氏じゃないかという記事を出した。それに対してNHKは、「そんなことはなかった」と夜七時のニュースで毎日繰り返した。何というか、NHKも自らの利益のためにここまで偏ったことを報道するのかと唖然としました。朝日新聞もそこで闘うかと思ったら、完全に腰砕けになって矛を収めた。あれは大きな曲がり角でした。現在の、批判力をまったく失って、特に安倍政権べったりになってしまった新聞、テレビへの転回点になった事件だと思います。

日本国憲法改正への布石、二〇〇六年教育基本法改悪

高橋　話を元に戻すと、第一次安倍政権のときに、「戦後レジームからの脱却」を掲げた。戦後レジームといえば、これは日本国憲法です。その前に東京裁判があり、彼にとっては祖父の岸信介がA級戦犯容疑者になった。これも何とかひっくり返したい、否定したい。そして日本国憲法体制ができて、これが彼らにとっては屈辱なわけでしょう。その日本国憲法を変えたい。これは自民党の結党の趣旨にもつながるのですが、それを使命とする政治家が戦後生まれの若い世代から出てきたのが安倍晋三氏でした。

安倍氏が政権についた当時から憲法改悪が最大の問題になるだろうと考えられたのですが、その前に彼は二〇〇六年に教育基本法に手を付けた。一九四七年に制定された教育基本法は、前文にこううたっています。

「われらは、さきに、日本国憲法を確定し、民主的で文化的な国家を建設して、世界の平和と人類の福祉に貢献しようとする決意を示した。この理想の実現は、根本において教育の力にまつべきものである。」

戦後は民主的で平和的な国をつくっていくということを、自分たちは宣言した。しかし、その憲法の理想は簡単には実現できず、教育の力をまつしかない。なぜなら、日本国民はそれまで帝

国憲法下で教育勅語の精神で教育されてきていたからです。それを民主主義、平和主義の憲法に変えるといっても、すぐにその理想は実現できないだろうから、教育を通してその理想を実現しようと、憲法の理想の実現をサポートするものとして教育基本法が定められたわけです。

これ自体、民主的でリベラルな教育方針だとしても、実は教育の方針を国が理念として打ち出すことにかかわる問題がないわけではない。ただ、当時は、帝国憲法と教育勅語、これが崩壊した直後でしたから、新しい憲法で主権者とされた国民をどうやって育てるかということで、教育基本法が定められた。安倍氏はまさにここに焦点を合わせて、これを改悪した〔二〇〇六年一二月一五日成立、同月二二日公布施行。〕。そのときに私は、市民運動の人たちと一緒に全国的な反対運動に参加しました。その経験は私の個人史の中でも非常に大きなことでした。

教育基本法改悪の柱は二つありました。一つは愛国心教育、もう一つはネオリベ路線の導入です。教育の中に競争原理、もっと言えば市場原理を導入するための突破口を、教育振興基本計画という新しい考え方で入れてきた。同時にあのときは完全に確定はされませんでしたが、「日本国憲法の改正手続に関する法律の一部を改正する法律」〔二〇〇七年五月一八日成立、国民投票年齢条件を一八歳以上にするなどの改正法が二〇一四年六月二〇日、成立。〕をつくった。当時は危機感が高まって、いわゆる護憲派の人たちが九条の会をはじめとして改憲反対の運動をつくり、全国に広がった。第一次安倍政権は幸いにも短命に終わりました。その後、民主党への政権交代があり、民主党の中にも改憲派はいるものの、とりあえず最悪の改憲の危機が遠のいた。そこにちょっと油断もあったと思います。民主党政権の失政があって、なんと、政治生命が絶たれたかと思った安倍晋三氏が復権してきたのですから、これはやはり悪夢を見ているような……。私もそれは同じでした。

岡野 私はときどき高校の先生たちとお話することがありますが、先生方はやはりたいへんな思いをされているので、私が現在研究をしているケアの倫理、つまりケアする人もケアされないといけないという議論は、先生方にとってはとても心に染みるようです。

高橋 教育現場の疲弊は深刻ですからね。

岡野 競争原理は、先生たちに強く働いています。校長に勤務評定されて、自分のクラスの中で少しでも乱れた子がいると、先生の評価にかかわってくるので、圧力がかかって学校で働き続けられない。高校・中学でクラスを乱す子たちに寄り添えば寄り添うほど、切り捨てろと言われる。今は高校でも、学校の運営にじゃまだということで簡単に退学させています。それではだめなんじゃないのかと思う先生たちが、すごく疲弊している。教育基本法改悪によって本当にできる子だけ、先生の言うことを聞く子だけにしか教育が浸透しないようなかたちに、この一〇年で学校が変わってきた。このネオリベの路線は、労働界でもまったく同じような二極化をもたらしています。一〇年前に安倍氏がやったことが、本当に浸透している。

高橋 あの当時、三浦朱門氏が、「戦後五十年、落ちこぼれの底辺を上げることにばかり注いできた労力を、できる者を限りなく伸ばすことに振り向ける。百人に一人でいい、やがて彼らが国を引っ張っていきます。限りなくできない非才、無才には、せめて実直な精神だけを養っておいてもらえばいいんです」と言った（斎藤貴男『機会不平等』文春春秋、二〇〇〇）。エリートを育てるために手厚いサポートをする。それ以外は、せめて実直な精神を身に付けさせればいいんだという発想は、教育基本法改悪にまでつながっていたということです。

それでもまだ改正された教育基本法では、基本理念である個人の尊厳、あるいは個人の価値の尊重は消されていません。なぜなら、憲法自体は変わっていなかったからです。つまり、現憲法の下では、憲法一三条「すべて国民は、個人として尊重される」。これがすべての基本的人権の前提にあるので、その個人の尊厳、個人の価値の尊重という、教育基本法の中でも繰り返されている基本理念には手を付けられなかった。しかし、自民党の改憲草案（二〇一二年四月二七日）では「個人」が「人」になっていますね。とにかく個人主義というものに対する強烈な敵意が彼らの中にある。この改憲を許してしまうと、もう一回、教育基本法も改悪されるのではないか。

「個人主義」フォビア

岡野　私も、個人主義はけしからんという人たちの言い方にずっと引っかかっていました。まず一つは実感として、この国には個人主義はまったく浸透していない。私はアメリカ的な個人主義、自己中心的なミーイズムには反対しているけれども、それでもやはり個人という考え方はとても大切だと思っています。その個人主義に対して、彼らがここまで反発するのはなぜか、彼らが思っている個人主義とは何だろうとずっと考えていて、それについて高橋さんはどう思われているのか聞きたかったんです。というのは、彼らの個人主義批判は、簡単に言えば自分の権利ばかり主張して義務や責任を果たしていないというようなことですが、本当にそれだけなのか。それとも個人主義がもっている国家主義に対する批判力を彼らは感じていて、個人主義をなくしてしまわないと自分の思う国家づくりができないというぐらい、何か確たる個人主義像というのがあるのか、ないのか、私はちょっとわかりません。

高橋 例えば東京都知事だった石原慎太郎氏は、二〇一一年三月一一日の大震災のときに、「戦後日本人は我欲で生きてきた」、「その我欲を津波で洗い流してもらうのであれば、これは天罰だ」などと発言した。日本人がわがままになって自分のことや権利ばかり主張して、彼らの考える公のことに対して何も関心をもたなくなった。要するに、国家のために働くということをみんなしなくなった、ということがあるのではないかと思うんです。

岡野 滅私奉公で使いやすい人が少なくなった。

高橋 戦前、特に一九三〇年代、四〇年代の総力戦体制下で書かれたいろいろな本を見ると、個人主義は欧米から入ってきた日本の国柄に合わない考え方なので撲滅しなければいけない、欧米流の個人主義に惑わされてはいけないと、今とまったく同じことが言われている。当時は、日本は一大家族国家ですから、「世界に冠たる国体」とは天皇を中心に家父長的な皇室があって、これこそが公だった。つまり、公（オオヤケ）というのは大きな家で、もともと皇室のことであるという話ですから。皇室を中心に天皇の赤子としての、法的に言えば臣民としての国民が一体になっている。そして、その皇室という理想的な家族像を、全国民がモデルとして家父長的な家族をつくり、それが社会の単位になっていた。村落共同体なども、今よりも強固にあった。そういう中で一人一人が自分を超える何か、イエとかムラとか国家といった単位のために滅私奉公するというのが、「世界に冠たる国体」でした。それは「お国のため」、「天皇陛下のため」に命を投げ出してもかまわないという、教育勅語の教えになっていて、その模範が靖国の英霊だった。全てがそこに向かって構築されていた。そこで作られた考え方が戦後も生き続けているというのが、歴史的には一つあると思います。

先日も、下村博文文部科学大臣が、彼は安倍氏に一番近い人物の一人ですが、教育勅語を再評価する発言をしました（二〇一四年四月八日）。教育勅語の原本が発見されたらしくて、今でも通用するような徳目が語られていると文科大臣が発言した。[※10] そういう考え方が戦後も、私に言わせるとこの国の「地金」なんですが、それが絶えることなく続いてきた。

戦後生まれの政治家でもそんなふうになっていくのは、日本社会の共同性が弱体化していることへの不安からでしょうが、非常に逆説的だけれども、彼らがこの間進めてきたグローバル化、ネオリベ化によってそれが推進されてきた。ただでさえ近代化、産業化のプロセスの中で伝統的な家族や村落共同体が解体されて、核家族が増えて一人一人がバラバラになる、砂粒のような「個人」になっていく傾向があった。これに拍車をかけたのが小泉、安倍政権下でずっと進んできたネオリベ化です。八〇年代くらいから先鞭はつけられていたにしても、特に二一世紀になって急激に広がったネオリベ化の中で、家族が解体していく、よりどころがなくなっていくような不安を彼らもやはり感じている。そういう近年急激に広がった共同性の解体と、歴史的な、かなり長期的な目で見てこの国に残っている考え方が一緒になって、何とかして共同体主義的な、集団主義的な社会の在り方を復活させたい、これが家族を社会の最小単位とする考え方にもつながっていると私は見ています。個人主義に対する彼らの、極めて執拗な反感にはそういう動機があるのではないでしょうか。また、彼らの考えるような家族の聖家族的な家父長的なモデル、これを単位とした社会が再編されれば、例えば少子化に対しても歯止めがかかるかもしれないという計算もあるかもしれません。

岡野　自民党が改憲草案の二四条第一項に、「家族は、助け合わなければならない」という文を入れようと議論をしていますが、一方では、ネオリベで一番脆弱化させられたのは家族の単位です。社会保障や、さまざまな福祉がカットされて、非常に脆弱になっていて家族単位で支えきれない。しかも価値が多様化していて、お父さん、お母さんと子どもがいる、戦後日本を支えてきたような理想的な家族も、完全に理念としても解体していて、現実としてもそんな家族はほとんどなくなってきている。日本はシングルの、単身者の世帯が一番多いんです。

高橋　「お一人様」ですね。

岡野　だから生物学的な家族ではないけれどもそれに代わる、ある種の「家族」のような自分たちの助け合いのネットワークづくりをしないといけない。多様な「家族」を認めた上で、その「家族」というある種のコミュニティみたいなものを、社会保障制度を整備して国全体で支えるようにしないと「家族」はもちません。

ところが、彼らがしようとしているのは、選択的夫婦別姓も認めず、法律婚は絶対にゆるがせにしない上で、あり得ないような家族像を法律で決めて、その家族をつくれという。そうした強制力は、私たちシングルで生きている者たちにとっては、とても暴力的なんです。国家が決める理想の家族じゃない人たち、個人で生きている人たちは、国からも見捨てられ、助けを求める先もないんです。つまり国が理想とするような家族形態を取っていないから貧乏で、のたれ死んでも当たり前だと言わんばかりで、懲罰的にさえ思える。

安倍氏は一九五四年生まれで、日本の政治史のなかでは戦後生まれの若い世代に属する政治家なのですが、本当に日本社会とか国を大切にしたいと思っているのであれば、もう少し人に優しい、時代に合った政策なりを提言できるはずですが……。

高橋　現実を無視して自分たちのイデオロギーを押し付けようとしているようにしか見えませんね。

岡野　彼らにとって公というものは滅私奉公の公であり、それは国でしかない。しかし、国家以外にももっといろいろな公があります。私も京都九六条の会をやっていていろいろな人に出会います。退職した先生方がドロップアウトした子どもたちを地域で支える会をつくるなど、それぞれに社会の中でやっている活動がある。言われているほどそんなに個人主義的でもない。

こういう人たちの声は一切聞かず、本当に個として孤立している人たちを助けるような政策も出さず、これだけ実際の私たちの生活から乖離した国家観を振りかざされたら、ついていけません。これで、政治に無関心な層がガッと増えて、また彼らの思うつぼの悪循環がはたらくのが見えてきます。

「安倍的なもの」を支持するのは誰か

高橋　にもかかわらず支持率がずっと高い、ということがあります。これをどう考えますか。

岡野　誰も助けてくれないと感じている孤立した層はいるわけです。忙しくて政治のことなんて考えられない無関心層です。でも、その無関心な人にもテレビなどを通して「日本を、取り戻す。」とか、威勢のよいメッセージだけは入ってくる。自分では実感していないけれども、世間では景気が少しよくなっているみたいだ、くらいのことは聞いていると、安倍氏しかいないのかなという気になってくるといいます。政治家で出てくるのが、今は強い発言をする人だというのは大きい。若い層でやり場がない人たちが強いリーダーシップに自己同一化して、なんとなく自分のうっぷんがそこで晴らされているというような循環はあるような気がします。

高橋　そうすると、彼らの考える改憲の先にある日本は、実際には、今、さまざまなかたちで見捨てられ、あるいは苦しんでいる人たち、こういう人たちの苦しみをむしろもっと大きなものにしていくにもかかわらず、そこがすっかり誤解されていて、彼らのスローガンによって、むしろこの国全体がよくなるだろうという夢を見させられているということになりますね。

岡野　アメリカでも貧困層には棄民のように捨てられた人たちもいるんですが、それよりちょっと上の階層の人たち、一種の剥奪感のある層が一番政治家に同一化しやすいということは言われています。強いアメリカに憧れて、戦争になるとブッシュの支持率もグッと上がった。ネオリベがネオコン、軍事的に強い国家を支持する層をつくっているということは言われていました。日本もそんな感じがしています。

もう一つ、私の母の世代は戦中生まれで、貧しかった。私が小学生だった昭和四〇年代から五〇年代も、すでに高度経済成長の時代なんですが、それでも貧しさがどこかに残っていた。貧しかった親世代ががんばって私たち子ども世代を進学させました。そのおかげで私たちの世代は親世代よりも少しはいい暮らしができている……。

高橋　高度成長期の最後ぎりぎり八〇年代ぐらいまでに育った日本人は、たいていそうでしょうね。親よりも自分の方がまだ豊かになれる……。

岡野　ところが、今の大学生の話を聞いていると、親世代も大卒でそこそこの仕事についている。私たちの親世代は貧しかったけれども、彼らの親世代は豊かです。そうすると、今の大学生ぐらいから、三〇代、ちょうどロスジェネ[※11]の人たちにとって、スタートラインから何かを奪われていて自分たちには回ってこないという剥奪感と、頑張っても自分は親世代より豊かにならない、日本社会も経済的にはこれ以上よくならないだろうといった閉塞感をもっています。この一〇年ぐらいで強く感じるところです。

高橋　いわゆる貧困層が、今は膨大な数いるわけでしょう。それに対して四年制大学で学ぶような、もちろん大学を出ても非正規雇用という状況もありますが、それでも比較的恵まれた層もいる。そういった層が、安倍的なものから自由になってそれを批判的に見ることができているかというと、そうではない。だから、必ずしも格差社会の底辺であえいでいる人たちだけではなくて、いわゆる中間層も支持している側面がある。

橋下徹氏が華々しく登場したころに、彼をどんな人々が支持しているのか、さかんに議論されました。やはり、橋下氏の唱える改革をしたら、むしろ最初に切り捨てられる最貧困層の人たちが、自分たちの現状に対する救世主として彼を熱狂的に支持しているという分析が一方にあった。しかし、それに対して徳島大学の樋口直人さん〔社会学者。著書に『日本型排外主義―在特会・外国人参政権・東アジア地政学―』名古屋大学出版会など。〕が、実はそうではなくて、中間層の支持が高いということを言っていた。樋口氏によると、在特会〔「在日特権を許さない市民の会」〕に入っている人たちは、必ずしも、職のない、あるいは正規雇用が得られない若い人たちではなくて、むしろ正規職に就いていて収入も安定していて、政治的にはもともと保守的な考え方をもっていたような人たちだというんですね。

最近のメディア、例えば週刊誌の見出しとか、日刊紙の見出しなどを見ていると、主たる読者であるサラリーマンたちもひどくいら立っている。それはネオリベでこの社会が解体されて貧困層に落とされたというだけではなくて、日本全体が経済大国の地位を中国に抜かれた。韓国も今は経済が苦しいけれども、日本の競争相手になって久しいし、日本企業を抜くようなグローバル企業も出てきた。かつては、ちょっと近代化に先駆けたというだけで経済的にも軍事的にも圧倒的にアジアナンバーワンだった日本が、今やそうではない。これからもむしろ地位は低下する一方ではないかと言われている。そのことに対するいら立ち、焦り、そういうものをぶつけているのではないかという印象があります。

つまり、エリート層も中間層もそれぞれのいら立ちをもっている。だから、ある意味では皆それぞれの置かれた状況の中で、もう親世代のようないい夢は見られない、明るい将来の見通しがないということがベースにあって、そこで「日本を、取り戻す」と言われれば、そっちにかけてみようかとなってしまうのではないかと……。

岡野　現状を冷静に分析していけば、本来なら威勢のいいことを言えないわけですよね。身の丈に合った国づくりをしないといけない。

高橋　民主党政権時代はとにかく財政再建で予算を切り詰めて……。

岡野　小泉政権のころから財政再建と言われていて、緊縮財政でした。

高橋　それが絶対的な命題であるかのように言われていたのに、第二次安倍政権になったらとたんに金融緩和だ、公共事業だ、バンバンお金を流せとなった。目の前にニンジンをぶら下げられてはということか、アベノミクスの麻薬が切れるまではどうしようもないとも言われている。

日本人の投票行動を見ていると、安全保障や歴史認識の問題などではまず票は動かない。選挙は、いつも目先の経済で決まってきたという感じはありますね。

「幸福な若者たち」の現状肯定

高橋　岡野さんの意見をうかがってみたいのは、『週刊金曜日』二〇一四年四月二五日号に雨宮処凛さんと古市憲寿さんの対談が載ったんですよ。古市さんは、幸せな若者たちということを言っていた人です。

岡野　『絶望の国の幸福な若者たち』（講談社、二〇一一）ですね。

高橋　社会は悪くなっているようだけれども、その中で若者たちは言われているほど不幸だと思っていませんというわけです。案外、現状で満足していて、しかも戦争になるなんて思ってないし、今の平和が続けばいいと思っているのが多くの若者の実態ではないかと。

古市氏はそこで「自分は生きづらさを感じたことがない」と言っています。今の若者はそこそこ幸せなんだし、今の平和が続けばいいじゃないか。改憲反対とか、今にも戦争になるかのような危機感をあおられると、若者はみな引いちゃうんだとも言っている。

つまり、改憲だ、それ戦争だというような話になっているけれども、若者の感覚とずいぶん違いますねということです。

岡野　古市さんの発言を聞いていくと、確かに彼は幸せかもしれない。本人に「僕は幸せ」って言われると、それに反論はできません。確かに彼自身は会社を立ち上げたりもしていて、仕事もうまくいっているのかもしれない。メディアにも注目されて著書も評判になっている。でも、彼のように発言できる人が「いや、若者は結構幸せで」って言ったときに、それを聞いている人たちで発言できない若者がやはりたくさんいることは、私でもわかります。身近な学生たちを見ていても、素直で真面目で、でも、だからこそ生きづらさを抱えている若者もいます。

高橋　古市さんは、最近『誰も戦争を教えてくれなかった』（講談社、二〇一三）という本も出しましたね。戦争のことを教えられなかったから知らないけれど、あえて知らなくたって幸せなんだからいいじゃないかということのようです。

「中途半端な歴史認識がたびたび外交問題を巻き起こすのも、すっかりこの国では馴染みの光景となった。一方で、日本列島の形も、クールジャパンという言葉も知らないけれど、海外で人気を獲得するアイドルのほうが、結果的にはよっぽど日本という国の価値を高めている。

だったらいっそ、戦争なんて知らないほうがいい。

（中略）僕たちは、戦争を知らない。

そこから始めていくしかない。

背伸びして国防の意義を語るのでもなく、安直な想像力を働かせて戦死者たちと自分を同一化するのでもなく、戦争を自分に都合よく解釈し直すのでもない。

戦争を知らずに、平和な場所で生きてきた。

そのことをまず、気負わずに肯定してあげればいい。」（古市、前掲書、二八五〜二八六頁）

こういう議論をどう考えるか。頭ごなしに「いや戦争のことは知るべきだ」とか、「記憶するのは当然だ」と言うのはどうかと思います。私が中学生の時に、「戦争を知らない子どもたち」（北山修作詞・杉田二郎作曲）という歌が流行しましたが、あれは一種の反戦歌として受け取られていた気がします。

ヨーロッパでは、記憶の義務ということがずいぶん言われてきましたが、最近は忘却の権利という議論も出てきている。それも一概に否定しにくい部分がある。例えばユダヤ人の若い世代の中から、いつまでも絶対悪ナチスの被害者ユダヤ人というイメージで語られるのはむしろ苦しいことで、そろそろそこから解放されたいと。忘れることも大事なんじゃないかという議論が出てきています。そんなものは忘れて未来志向で行こうという議論もありますし、そもそもそういう記憶は抹消しようという歴史修正主義者もいるわけですから、議論の構図は複雑ですね。

レスポンシビリティ（応答責任）

岡野　私は、「慰安婦」問題のときもそうだったんですけど、これまで知らなかったことに出会ったときの、自分の衝撃が大きかった。つまり、私は知らなくて生きてきたけれども、知っていた人たちもいた。子どもの頃から、自分の友達にはたくさん在日の人たちがいたのに、高校ぐらいまでは意識していませんでした。今から考えるとどうして気付かなかったのかと思いますが、同じ日本人だと思って生活していた。大学に入ってから一緒に海外旅行に行くときにわかるわけです。当時は再入国許可の人たちは、出入国審査の場所が違うし、もちろんパスポートも違う。そのときに彼女たちと私は同じ光景を見ながら、全然違う立場で見ていた。

高橋　『法の政治学』で書いておられましたね。

岡野　そうです。あの衝撃はとても大きかった。知らなかったことは罪じゃないけれども、それを知ってしまったらそこに責任が生じる。私は今までと同じ光景を見ていることはできないから、知らないといけないと思い始めたんです。ところが今は、いや、あなたはそうかもしれないけど自分はこの光景の方が幸せ、この光景を見ている方が自分は傷つかないという議論もある。

それに対しては高橋さんのレスポンシビリティ（応答責任）の議論がとても大切だと思うんです（高橋『戦後責任論』講談社、など）。せっかく声が聞こえているのだから、それに応えられる喜びがあるはずです。私も「慰安婦」問題とか、在日の問題とか、知る喜びがあるんですね。ちょっとつらいこともあるけれども、自分の知らない光景が見える、それこそ世界が豊かになるので、それは楽しい経験でもある。知らなかったことに応えられる喜びみたいな回路に、どうして結びつかないのだろうという思いはあります。もちろんレスポンシビリティは、応える、応えないは自由であって、強制はできない。どうしたら私たちの社会を呼びかけられて応えるようなかたちにしていくかは、やはり大きな課題ではあります。

知らなくていいというのには本当に驚きます。でも私はどこかで気づいてくれるんじゃないかと思いたい。知らなくていいことはない、あったことは知っておいた方がいいに決まっている。

高橋　私の考えるレスポンシビリティ（応答責任）は、ある意味、自由というのを残してあります。ただ、聞こえていて、あるいは知ったのに、それに応答しない、無視するのは、それはそれで一つの応答であって、それによってその後の関係が変わっていくということ。それに責任を負わなければいけないという話です。

岡野 無視することで本来開かれたはずの関係性を明らかに切るわけですよね。でも、切ってしまった関係があったということに、いつかたぶん気づくはずだし、そのときに、もしかしたら、こうあるべきであったという反省の契機になるかもしれない。私はそうあってほしいと思います。あのとき自分はこうするべきであったというところで、また新しい関係性を築くきっかけになる。ふだん、私たちは、あれはこうするべきであったのにという場面にたくさん出会っています。その「べき」の声がどこから聞こえてくるかというのは、高橋さんのご専門かもしれないですけど、私の考えでは、それはたぶん、人との出会いですね。

高橋 私もやはり出会いが決定的だと思います。知識として知ることがきっかけであってもいいし、他の何かがきっかけであってもいい。ただ、人を通してであれ、そうでないのであれ、何かに出会ったときに、そこから何かが始まる。そのときに自分としてどういう選択をするかということになってくるんだと思います。

今は幸せなんだからいいじゃないか、あるいは、今は平和なんだからいいじゃないか。オオカミ少年みたいに「危ない、危ない」と叫ぶのは、それはサヨクの紋切り型、クリシェ（常套句）であって、そんなものはもう誰も引きつけませんよというような話になりがちです。しかし、今が幸せだからいいじゃないか、今が平和だからいいじゃないかというときに、実はそこに見逃されているもの、かき消されている声がある。だから、岡野さんが言われたように、新しいものが見えてきたというときに、自分が変わらざるを得ない。私は、日本の戦後史と現状を考えたときに、まだまだそうなるきっかけはたくさんあると思います。

3 これは憲法ではない

護憲か、改憲か、それとも選憲か

高橋　『上野千鶴子の選憲論』（集英社新書、二〇一四）という本が出ました。その帯に「『護憲』でも『改憲』でもない第三の道とは？」とうたってあります。岡野さんは護憲、改憲、それとも選憲ですか？

岡野　私はある意味で護憲派です。憲法とはそもそもどういう精神でできているのか。日本国憲法にかぎらず、なぜ国家が憲法を必要としているのか、あるいは憲法をつくらないと国家として機能していかないのかということを考えれば、その意味ではやはり憲法は大切です。一方、自民党の憲法草案は、これは憲法ではない。

高橋　そもそも憲法ではない、と。

岡野　私は憲法ではないと思っています。憲法の名に値しない。

高橋　よくわかります。そういう意味では護憲だと。

岡野　護憲です。そもそも、なぜ私たちが憲法を必要とするか、国家がなぜ憲法を必要としているのかということを考えれば、少なくとも憲法の精神である基本的人権であるとか、個人の尊厳、個人には一人一人かけがえのない、取り替えのきかない価値が備わっていることを大前提にした上でしか、国というのは存在してはいけないという、歴史的に積み上げられてきた立憲主義の考え方は、やはり失ってはいけない。その意味では、私は護憲です。

高橋　その意味では、まともな憲法改正案、つまり立憲主義を踏まえた上での憲法改正案であれば、アプリオリにそれを否定はしないということですよね。

岡野　しないですね。

高橋　同感です。私などは、世の中では頑固な護憲派の最たるものと思われているのでしょうが、憲法について一定の時間を与えられて話すときには、自分は変えたいところがあるんだという話を必ずします。だから、護憲か改憲か、いや第三の道だというときに、どこをどう変えるのかということなしにそれを選べというのは、すごく乱暴な話です。

私は九条については護憲です。その他の条文も守りたい、変える必要がないと思っているところが多い。けれども、例えば第一章（天皇）は変えたいと思っているし、あるいはそれこそ「加憲」ということで入れたい項目もある。そういう意味では改憲派です。ただ、これまで日本でいわれてきたような、九条を変えたいという改憲派ではない。そこの部分は護憲派で、条文によって違うということです。

自民党の二〇一二年草案は、多くの条文に手を入れているので、これを全部受け入れろと言われても、とうていできない話です。岡野さんは、あれは憲法ではないとおっしゃったけれども、少なくとも現憲法の前文に言う「人類普遍の原理」に反する憲法案だという意味では、憲法違反の憲法案。つまり改正案として検討の対象にならないものだと思います。

上野さんの選び直し論について言えば、選び直しというと、以前に私と加藤典洋氏との間で論争めいたことがありましたが、その時、加藤氏が憲法を「もう一度『選び直す』」「国民投票の形で『火』にかける」といって出してきた議論を思い出します（加藤典洋『敗戦後論』講談社、一九九七。『可能性としての戦後以後』岩波書店、一九九九など）。上野さんが加藤氏と違うのか同じなのか明確に書かれてはいませんでしたが、選び直しの場合でも、どこをどう選び直すのかということもあるし、そもそも選び直しといっても、現憲法体制を前提にすればできないことだと思います。例えば九条を選び直す。もう一回国民がこれを選ぶといっても、現憲法の改正ではないわけですから、同じ条文について、国会の三分の二で発議して、国民投票にかけるわけにはいかないでしょう。だから、選び直しとは何のことを言っているのかよくわからない。

これならわかると思うのは、例えば九条であれば、これを変えようという動議に対して、いやこれは変えるべきでないということで、守ることです。例えば樋口陽一先生（憲法学者）は、仮に一〇〇年間、九条を守れば市民革命に匹敵するとおっしゃっています。日本では近代の市民革命はなかった。明治維新はそうではなかったし、帝国憲法が現憲法に変わったのも、これは八月革命だという宮沢俊義説[※12]もあるけれども、要するに敗戦の結果こうなったわけだから、市民革命ではなかった。だから憲法の精神は根付かないんだという議論もあるけれども、これを一〇〇年間、支配層が常に改憲しようと言ってきた中で、九条を改憲させないというかたちで守れば、それは比喩的な選び直しと言えるかもしれない。改憲を訴える勢力に対して、いや、これは変えない方がいいんだと絶えず守っていくことができれば、これが事実上選び直しに当たるのではないかとは思いますが……。

岡野　五五年に自民党ができたときに、自民党の党是のかたちで憲法を変えるとはっきり言っています。自民党「党の使命」〔一九五五年一一月一五日、「立党宣言」などと共に発表された文書。〕には、「初期の占領政策の方向が、主としてわが国の弱体化に置かれていたため、憲法を始め教育制度その他の諸制度の改革に当り、不当に国家観念と愛国心を抑圧し、また国権を過度に分裂弱化させたものが少なくない」として、占領期に日本が弱体化されたのに対して、「国民道義の確立と教育の改革」、「現行憲法の自主的改正」を自分たちの使命だとはっきり言っています。それが五五年にできた党是です。それに対抗して、特に九条をめぐっては何度も改憲論が出てきたときに、国民は、当時は日本社会党であったり、他の党を支持して反対してきた。与党が強く改憲を言っているのにもかかわらず、これまで改憲に反対する議員を三分の一は通してきたというのは、明らかに九条を選んできているということだし、運動としても根付いてきているというのが君島東彦さん〔立命館大学教授。憲法学、平和学。〕の話です。私も本当にそうだと思います。

ですから、たった三分の一の反対で改憲を発議できないと安倍氏は言ったそうですが、与党という強い政治的な力に対して、三分の一もの人が反対の声を上げてきたという歴史をみると、やはり国民はあえて選んできていると私も思います。
ただ、国民は（憲法制定の）投票もしてないし、主権者としての権利を行使していないと彼ら（改憲派）が言うのに対して、憲法を護ってきた歴史とか運動を、どういうふうに紡いでいくのかという課題はあると思います。

憲法前文の重要性――普遍の原理「個人の尊厳」

高橋　岡野さんは今の改憲問題の中で、焦点になっているのはどういう点だとお考えですか。特に今、九条の解釈改憲が問題になっていますが、しかし同時に自民党は結党以来の自主憲法制定に限りなく近づけようとして、全体に手を入れた改憲草案を出してきた。

岡野　私が恐ろしいと思うのは、彼らが個人主義を非常に攻撃していることです。今度の自民党草案の前文を読んだときに、「これか！」と思った。※13

高橋　前文は本当にひどい。

岡野　私の立憲主義の理解では、個人にそもそも価値が備わっていて、自然権として与えられている、何人《なんぴと》も犯し得ないような権利をそれぞれ持っている。国家はそれを実現するために存在している。国というのは、個人の権利を少しでもよりよく実現するために存在している道具であって、あくまでも個人の尊厳とか価値とか、基本的人権が目的そのものである。これが私の中の教科書的な立憲主義の理解なんです。もちろん理想であって現実ではない。でも、それを実現しようとして国というのは少しずつであれ制度を変えてきた。

高橋　近代立憲主義の一番基本的な考え方ですね。例えば、ドイツの基本法の第一条では、「人間の尊厳は不可侵である。これを尊重し、および保護することは、すべての国家権力の義務である」と言われています。日本国憲法の第一条と全然違うわけです。それが、およそ近代の民主主義憲法の基本でしょうね。

岡野　現行の憲法だと前文に、人類普遍の原理に基づいた憲法に反するようないかなる憲法も認めないという文言が入っています。※14

高橋　憲法も、法令も詔勅も認めない。

岡野　普遍の原理とは何かというと、やはり個人の尊厳という、それは一つの弱い小さな価値でしかないけれども、普遍の原理はそこにしか由来しない。

それに対して自民党改憲案では、まず前文の大々的な改訂で、主語が「国民」から「国は」になっている。立憲主義の主役というのは、国民、まさに人です。たとえ理想であっても、人が持っている権利を守るために、国は存在しなければならないし、個人の基本的人権を侵すような法律は絶対に認めないんだという、それを憲法で約束してくれています。ですから、政治家はもちろん憲法の下で存在しているので、それに反する言動も許されないと思うのですが、こういう改憲案は、本当に憲法違反です。

高橋　とりわけ内閣総理大臣は、日本政府の側にいる人はそうですよね。九九条の憲法尊重擁護義務の中で並列的に、「天皇又は摂政、それから国務大臣、国会議員、裁判官、その他すべての公務員は」となっている。

〔第九九条　天皇又は摂政及び国務大臣、国会議員、裁判官その他の公務員は、この憲法を尊重し擁護する義務を負ふ。〕

けれども、例えば国会議員であれば、これは国民を代表して選ばれてきているので、憲法改正の提案をするとか、それは認められると思うんだけれど、政府、とりわけ内閣の長である内閣総理大臣が、率先して憲法違反の憲法案を出してくるとはどういうことか。

岡野　アメリカでは、大統領が就任するとき、憲法を守ると聖書に手を置いて宣誓します。日本国憲法でも、政府はこの憲法を順法しないといけないと九九条に書いてあるところを、順法する義務を負うのは「国民」であると変える。

〔自民党改憲案　第百二条　全て国民は、この憲法を尊重しなければならない。〕

高橋　自民党案ではそうなっている。

岡野　それは、もともと立憲主義がもっていた法による支配という考え方にまったく反するものです。つまり政治家の恣意による支配、ある誰かの、一部の人の意思が法律になってはいけない。だから、現行憲法は人類普遍の原理とか、個人の尊厳に根拠付けた憲法にしてある。未来に新しい人が入ってきて国民になっても、それを許容するような自由が担保されていないと憲法ではないと思います。ところが改憲案前文に書いてあるように、文化とか伝統を継承することが、あたかも国民の義務であるかのように書かれると、そこからどうしても排除される人が出てくる。国民がどうあるべきかを決める、あるいは国民を選ぶような憲法というのは、私は心が震えるくらい怒りを感じますね。

高橋　自民党草案の問題点は前文に全て象徴されていると言ってもいいかもしれません。現行憲法の前文はとても重要で、例えば平和的生存権というユニークな権利が宣言されていたり、欠乏と恐怖からの自由、国家の安全保障に対して人間の安全保障といわれるときの重要な概念が入っていたりして、とてもいい前文ですよね。

とりわけこの中で一言選べと言われれば、私は「人類普遍の原理」を選びます。これは今、岡野さんがおっしゃったことと完全につながっていて、帝国憲法、明治憲法はそうではなかった。「大日本帝国は万世一系の天皇之を統治す」、「天皇は神聖にして侵すべからず」でしょう。近代国家だと言いたいがために、一応、国民の権利を入れたけれども、それはあくまで臣民の権利であって、「安寧秩序を妨げず及臣民たるの義務に背かざる限りに於て」、万世一系の天皇が認めてあげるものだった。明治憲法では主権在民も、人権の尊重もなく、人類普遍の原理に立っていませんでした。

明治憲法はいわば日本にしか通用しない考え方でつくられていたのに対して、戦後憲法の大きな意味は人類普遍の原理、つまりどんな人間社会にも通用しうる普遍的原則をベースにしますよというのが、日本国憲法だったと思うんです。そういう意味では、初めて世界に開かれた、万人に開かれた憲法をもったと言えるでしょう。

九七条削除が意味するもの

岡野　現行の日本国憲法だけではなく、もともと立憲主義、憲法の精神というものは、排他的で、しかも悲惨な、さまざまな国家暴力の長い歴史を経てようやく到達したものです。

私が日本国憲法で好きなところは、ちょうど自民党が草案で完全に削っている九七条です。〔第九七条　この憲法が日本国民に保障する基本的人権は、人類の多年にわたる自由獲得の努力の成果であつて、これらの権利は、過去幾多の試錬に堪へ、現在及び将来の国民に対し、侵すことのできない永久の権利として信託されたものである。〕

普遍の原理というと、何か抽象的なイメージかもしれないけれども、悲惨な、さまざまな過ちの上に見つけた価値であると、ちゃんと九七条に書いてある。ところが自民党〔草案Q＆A〕いわく「一一条と内容的に重複している」から冗長だということでカットするわけです。現行憲法ができてきた歴史を踏まえて、悲惨な加害と被害の上にようやく私たちが見つけた憲法だということをうたっている点で、歴史にもとても目を配っているし、日本がどういう国際状況の中にいるのかをいつも私たちに思い起こさせてくれるような九七条なのに、全部削られているというのは本当に象徴的だと思ったんです。前文と九七条の変更は大きい。

高橋　法の本質の中には、歴史や物語性を全て切り落として、時間にかかわりなく常に成り立つことを表明するところがあります。その点から見ると、前文でも戦争の惨禍に少し触れているけれども、九七条は最小限の言及とはいえ現行憲法が生まれる背景となった歴史について述べている。それによって人類普遍の原理がどれだけ貴重であるかを確認しているのが九七条です。ここはまさに日本国憲法のアイデンティティにかかわるところですね。

「普遍の原理」から「天皇を戴く国家」へ

高橋　自民党草案はそうしたところを全部否定して、何しろ「日本国は、長い歴史と固有の文化を持ち、国民統合の象徴である天皇を戴く国家であって」と始まるわけです。現行憲法の前文では、四段落全部、「日本国民は」が主語だけれども、草案では主語が「日本国」になって第一段落、第二段落ときていて、しかもその日本国が「天皇を戴く国家」なんですね。天皇を「戴く」というのは、当然、上を見上げるイメージで、第一条の「元首」にもかかわってくる。自民党の解説では、元首とは「国の第一人者」のことで、Head of State だと言います。

西洋の政治史の中で、元首を Head of State と呼ぶのは、E・カントローヴィチの『王の二つの身体』（小林公訳、ちくま学芸文庫、二〇〇三）や、国家を人体に例える議論とつながっている。つまり、何かあったときには手足を切り落としてでも、頭だけは最後まで残すわけです。自民党案の起草者がどこまでそれを意識して Head of State と書いているかはわかりませんが、まさに天皇を冠のように国家の頂点に戴いているような国家。しかも「長い歴史と固有の文化」ですから、明らかに「万世一系」の天皇制を念頭に置いているわけです。

彼らが前の二〇〇五年新憲法草案（舛添案）から現在の草案に変えることになった最大のポイントは、舛添案では国柄が充分に反映されていないということで、それを入れたかったわけです。国柄というのは天皇制ですから、それは、改正草案前文の最後の文、「日本国民は、良き伝統と我々の国家を末永く子孫に継承するため、ここに、この憲法を制定する」というところにつながっている。現憲法では、人類普遍の原理に従って、この国、この列島に住む人、一人ひとりの個人の権利、利益を保障するためにこの憲法をつくって国を運営します、となっているのに、自民党案では、昔から存在している天皇を戴く国家を、子々孫々に継承するために、つまり、「君が代」を「千代に八千代にさざれ石のいわおとなりて苔のむすまで」継承するために、この憲法をつくりますとなっている。せっかく人類普遍の原理に開かれたものを、もう一回、日本にしか通用しない原理に戻しているわけです。だから、天皇を元首にするだけではなく「君が代」を国歌にします、全国民はこれを尊重しなければいけませんよとなっていて、その意味では筋が通っているけれども、どこまでも帝国憲法、明治憲法に戻ろうとしている。

岡野　ですから、私はこれを憲法草案と呼びたくない。憲法とは、命令されることではなく、私たちが国をつくるときに何に基づいて政治を動かしていくのかということについての、みんなの約束であって、一方的に上から、権力者から、天皇から、こういうふうな国づくりをしなさいというための道具として存在しているのではない。特に女性はずっと国のために利用し尽くされていて、また少子化が問題になると子どもを産まないといけないとか、家族を守れとか、結婚を何とかさせようと、地方自治体では、官製のお見合いなどもやり始めているわけです。そういう意味では、安倍氏が、女性が輝く社会とかいろいろ言っているのも、彼は女性を何に利用しようとしているんだろうと疑わしく思います。

高橋　「天皇を戴く国家であって、国民主権の下」と、国民主権という言葉は前文に出てきます。しかし、国民主権以前に、まず天皇を戴く国家がもともとあるんだという話で、国民はそれを守るために存在するかのような文言が続きます。第三パラグラフに「日本国民は、国と郷土を誇りと気概を持って自ら守り」という文言が入っている。国民について最初に言われているのがこれです。だから、何千年も前からある天皇を戴く国家を、国民は誇りと気概をもって守り、子々孫々に継承する、そのための憲法だとしか思えないわけです。

「生まれながらにして持つ人権」と「国から認めてもらう人権」

高橋　それと関連して決定的に問題だと思うのは、第三章「国民の権利及び義務」です。ここで、現憲法で保障されている権利――生命、自由、及び幸福追求の権利から、さらに思想・良心の自由とか信教の自由とか表現の自由とか、その他、国籍離脱の自由とか、居住の自由とか、いろいろな権利――が具体的に出てきます。こうしたものは改正草案にも文言が多少変化しているけれども、ほぼそのまま残っている。しかし、だからといって変わらないわけではなくて、性格が本質的に変わってしまう。

なぜならば、天皇を戴く国家の人権だからです。自民党ははっきりと、天賦人権説は西洋に由来する考え方だからとらないと書いていて、これは個人主義の問題とつながっています。天賦人権、天が人権を与えるとは、つまり、生まれながらに誰もが持っていると認めましょう、自然権として持っていると認めましょうという話、これが天賦人権説でしょう。だからこそ、人類普遍の原理なんですね。だから国民主権だけではなくて、基本的人権を尊重することも人類普遍の原理であって、現憲法ではそうなっている。けれども、同じ文言が残っていたとしても、天賦人権説を否定したかたちであれば、結局は天皇を戴く国家が臣民に認める権利と変わりなくなってしまいます。

岡野　まさにそうでしょうね。ですから、現行憲法一一条では「国民は、すべての基本的人権の享有を妨げられない」としてあるところが、自民党草案では「全ての基本的人権を享有する」。ちょっとした変更ですが、すごく大きな違いです。現行憲法の人権規定の宛先は明らかに権力者で、侵してはいけないという言い方をしています。それを享有するに変え、まさに国が認める範囲で認めてあげると言っている。それが公の秩序との関係で、彼らが入れようとしているところです。

「公共の福祉」と「公益及び公の秩序」

高橋　そこですね。「公共の福祉」が全部「公益及び公の秩序」に変わっている。公共の福祉であれば、まだ主権者間の人権主張がぶつかったときにこれを調整する、しかもパブリック・ウェルフェアという、あくまで福祉という観点から調整すると読めますが、「公益及び公の秩序」となれば、これはやはり国益、国家秩序以外の何ものでもないでしょう。つまり、天皇を戴く国家の秩序に反しない限りで、人権を認めてあげましょうということになる。

岡野　ずっと自民党は「公共の福祉」は曖昧で何を指すのかわからないと言っていて、公の秩序と公益に変えようとしています。

高橋　公共の福祉だと、人権がそれによって制約されるんだけれども、それはあくまで主権者間の人権主張を調整するためだという考え方ができます。けれども、人権が制約されるのはそういう場合だけではないと、自民党ははっきり言っている。それはつまり、上から下にということ以外には考えられない。

岡野　ジョン・ロック『市民政府論』（『統治論』）には「公共の福祉（the public good）」とはっきり言っている場面があります。

「立法権は、つぎのようなさまざまの異なった人々の手中に委ねられる。すなわち彼らは、適宜、集会を開き、彼らだけで、あるいは他の人々と共同で法をつくる権力をもつが、法をつくってしまえばふたたび解散し、自分たち自身も自分たちがつくった法に服従することになる。この在り方は、彼らが公共の福祉のために法をつくることを心がけるように、彼らに課せられた新しくて近しい絆なのである。」（宮川透訳『統治論』中公クラッシクス、二〇〇七、一五二頁）

まさに少数の権力者から広く市民の権利を守るために、やはり公共の福祉と言わないといけない。公共の福祉は曖昧だと自民党は言うけれど、ちゃんと調べれば、なぜあそこに公共の福祉という言葉が入ったのかは、たぶんわかると思うんです。つまり、一部の権力者とか、一部の強者が主張するような権利ではなくて、一般の市民の人たちの権利を侵害しないかたちで権利を行使をしなさいというふうに、私には読める。

今の憲法論では水平的な権利同士がぶつかったときに、それを調整するための道具だという言い方はしていますが、それが公益、パブリック・インタレストになったら、やはり全然違います。

高橋　ちがいますね。公共という訳語すら使っていない。公共の「共」を外すというのはどういう意味があるのか。

岡野　まさにそれが、いわゆる公に戻るということですよね。

高橋　公という言葉のニュアンスは、国家というのに近い。

岡野　「おおやけ」とは大きなヤケ（家）で、大きな天皇家を指す……。

高橋　ひいては国家を指すというのが、たぶん「公」という言葉の意味だったんですね。そういう意味では、何世代か前の人がつくったような憲法案のようです。

「個人」と「人」

高橋　立憲主義のモデルとしては、やはり国家対個人になると思うんです。人権といえば、これはあくまで一人一人の権利が基本なので、例えば日本国民のほとんどが神道を信じる、だけど私はキリスト教徒ですといったときに、たった一人であってもその権利は保障しますよというのが基本的人権の尊重でしょう。最後は一人一人の単位にいくわけです。近代国家、民主主義国家としては、主権者人民、国民の一人一人、個人を単位として国家がそれを保障するというかたちになるのが当然だと思うんです。

岡野　ですから、現行憲法の「個人」を自民党草案で「人」と書き直した意図がどこらへんにあるかわかりませんが、私にとって「人」というと、日本だとすぐ「それは人の道に反しているから」とか言われそうで、「人」という言葉に社会的なプレッシャー、ぼんやりした集団主義的なニュアンスを、どうしても感じてしまう。一方、「個人」とは全体の中の一部ではなくて、一個がこれ以上分割できない、インディビジュアルなんだという、そこに他と比較できない一つ一つ価値がある。おっしゃるように九九％の人が反対しても比較できない一個の価値を同じように尊重しないといけない。これは、個人というもののもつ大きな重みだと思います。

高橋　彼らはとにかく個人の「個」を消したいようです。

岡野　それは幸福追求権に出てくるような個人の考え方ですよね。どういう幸福を一人一人が描いていても、国家は、その手段については手助けするかもしれないけど、あなたの幸福はこれですよというのは、やはり言ってはいけない。これは個人が一人一人夢見るところは侵害してはいけないという立憲主義の一番大きな柱です。そこが切り捨てられてしまうという恐ろしさはありますね。

マイノリティの権利を

高橋　それを踏まえた上で、一つ問題として出てくるのが、国家対個人というモデル、これは例えばシティズンシップ論で言えば、リベラリズムの枠組みです。それに対して、コレクティブ・ライツとか、グループ・ディファレンシズ・ライツとか、そういうものも尊重しなければいけないという議論は日本でも当然あります。そういう問題についても、憲法上規定するべきなのかどうか。集会・結社の自由というのとまた違いますよね。

憲法にマイノリティの権利の規定がない、つまり、国家対個人が全てのようになっている。そもそも、国民に主権者が限定されて、国民主権ということになっていて、しかも日本国民は国籍法で定まる、ジャパニーズ・ナショナルズになっている。もともとピープルだったものを国民にした。そうすると、もともと現憲法もマイノリティの権利という部分が弱い。

そこへもってきて、自民党改正草案では、地方参政権をマイノリティに与えない。

岡野　それどころか国籍条項を入れましたよね。

高橋　岡野さんや私のような立場からすれば、マイノリティの権利を憲法に書き込むというような改憲が、考えられるのではないでしょうか。

岡野　憲法とは、どういうかたちで国民が成り立っていくか、ある意味で日本の構成を規定するものです。ですから、現代的な要素を入れる改正はありうると思います。やはり個人と国家というモデルには、中間団体のさまざまな歴史を消し去るところがあって、あたかも、もともと国民がひとまとまりであったかのようなつくりに、どうしてもなってしまう。残念ながら日本政府は戦後、少数民族はいないという立場ですし、沖縄もアイヌも公式には日本国民としているだけであって、異なる歴史・文化をもった人たちとしては認めていない。こうした少数民族やマイノリティの権利を入れる可能性はあると思います。

高橋　アイヌは国連で先住民族として認められ、政府も衆参両院の決議を受けて、「先住民族として認識」して施策を進めるという町村官房長官談話を出した〔二〇〇八年六月六日〕。でも政府は国際法上の権利主体としてアイヌを認めていません。沖縄についても国連は先住民族として認めるべきだという勧告を出しましたが、日本政府は一切これを認めようとしないんですね。[※15]

岡野　日本政府は先住民族条約〔ＩＬＯ（国際労働機関）の「独立国における原住民及び種族民に関する条約」（第一六九号）。条約発効日は一九九一年九月五日。〕に、署名していません。

高橋　例えば沖縄で、「しまくとぅば」の復興とか、沖縄の言葉を実際に使おうという運動がとても盛んになっています。後でまた議論になるかもしれないけど独立論も出てきていて、そこでは琉球民族という言葉が使われています。

岡野　琉球民族独立総合研究会といった学会もできました。

高橋　国家と個人の対立構造が近代立憲主義の基本構造ですが、いわゆるマイノリティの権利については、きちんと書き込むべきではないか。もちろん、特定の集団を指しては書けません。民族という概念は、現実には非常に流動的で、法的に確定できるものではないので、そこは難しいところです。しかし、実際にはどうですか。アメリカとかカナダとかでのマイノリティというのは。

岡野　カナダは一九八二年に新しい憲法をつくったばかりですが、多文化主義を国家の政策としていますからそこにマイノリティの権利も含まれています。カナダは建国の時期がはっきりしているので、建国のときのフランス系、イギリス系と先住民が、ファウンディング・ネーションズ（建国の民）として書き込まれています。カナダはこのファウンディング・ネーションズによってつくられた。もちろん、カナダを構成している人たちにはそれ以外にもさまざまなマイノリティがいて、後からやってきた人たちはエスニック・マイノリティと呼ばれています。

高橋　カナディアン・ネーションとは言うのですか。つまり、ファウンディング・ネーションズが三つあったとして、カナダ国民というものは、それとは別にあるわけでしょう。

岡野　カナダでは「国民」はシティズンなので、わりとわかりやすく系統分けしています。もちろんカナディアン・シティズンシップがあります。ファウンディング・ネーションズが国家をつくりましたが、そこにさまざまなニュー・カマーたちがやってきて、それはエスニック・マイノリティという言い方をしています。カナダはそもそもの建国のときから多民族の国家であって、そこに多様な文化がまた入ってきた。ですから、カナダでは言語への権利が生まれてきますし、先住民に対してさまざまな権利を認めている。

高橋　オーストラリアとかニュージーランドでもそうだし、今や世界的に、いわゆる少数民族のいない国というのは珍しいので、ある意味常識になっているところでしょうね。日本国憲法の場合、それがないでしょう。だから、そこは私は改憲派なんですよ。

二四条と婚姻可能の条件

高橋　マイノリティということで言えば、二四条も問題になります。婚姻も両性の合意のみによるとなっているでしょう。特に最近、アメリカ、イギリス、フランス等で同性愛の人の同性婚を認め、合法化されていますよね。こういうことを考えたときに、将来的にはこの二四条の文言は改正の対象になり得るのではないか。

〔第二四条　婚姻は、両性の合意のみに基いて成立し、夫婦が同等の権利を有することを基本として、相互の協力により、維持されなければならない。

2　配偶者の選択、財産権、相続、住居の選定、離婚並びに婚姻及び家族に関するその他の事項に関しては、法律は、個人の尊厳と両性の本質的平等に立脚して、制定されなければならない。〕

岡野　なるかもしれないですね。私は、あまり現実味がないようですが婚姻は二人でなくてもいいという立場です。もっとさまざまな家族をつくる権利があってもいい。それこそ、カナダでは二一世紀に入って、ビヨンド・コンジュガル・ファミリー（beyond Conjugal family）という配偶者を中心とする家族を超える、成人した大人たちがどのように自分たちを支え合うか、どのような法的な関係性をつくっていくかということを法律家たちが議論していました（Law Commission of Canada, *Beyond Conjugality: Recognizing and Supporting Close Personal Adult Relationships*, 2001）。高齢者五人で支え合ったり、財産のことなどを決めたりとか、そういうイメージもあるんです。このように、カナダでは配偶者を核とした家族ではなくて、違うファミリーというのをつくる可能性を追求していたことがありました。同性婚の議論でかなり沸騰したときも、どうしたら同性婚を認められるかという議論になったときに、もし、婚姻を残すとしたら、婚姻はキリスト教的な色彩が強いので、法的な婚姻はやめて、宗教的な儀式にすぎないことにするかとか……。

高橋　宗教的な儀式か。すごいな。

岡野　カナダでは、婚姻はシビル・ユニオンのような感じです。憲法上の平等を遵守するなら法的な婚姻の承認を一切やめるか、同性婚や、さまざまなかたちの婚姻を認めるかの二択しかないだろうという議論をして、同性婚を認めることに踏み切った。そのとき、婚姻法というある種のキリスト教的な神聖なユニオンを、多文化を国是としているカナダが認めていいのかといった議論が沸騰していました。

高橋　そういう成り行きになると思う。ただ、日本ではおよそ、今の支配層というか多数派の人たちは、二四条をそういう方向で変えることを絶対に受け入れないでしょうね。

岡野　もちろん、二四条ができたときの、制定当時の意味合いとしては女性と男性との平等、両性の合意のみに基づく、家族に押し付けられない、自分たちで婚姻は決めるという主旨が大きかった。

高橋　それはもう決定的に大きかった。

岡野　その歴史的な経緯を抜きにして、異性愛中心主義だという批判は、私は少し筋が違うと思っています。今でも女性は家族の中で地位が低かったり、経済的な理由から離婚できない立場に置かれたりしています。DVがあっても我慢してしまう人もいる。二四条の重みはすごくあると思うんですが、この「両性」を「男女」と読むか、あるいは「二人」と読むかというのは、解釈でもできるかもしれませんが。

高橋　なるほど。一応二人ということを認めれば、それぞれの性が同じであってもかまわないと取るわけですね。それ以外でも、婚姻届を出さない、事実婚の若者はすごく多くなっていますね。

岡野　そうですね。今は内縁というかたちで、それなりに法的に認められるのでかなり増えています。ただ、同性のカップルの場合は、例えば病院のことでも、あるいは財産のことでも、非常に不安定であることは確かです。ですから、婚姻じゃなくてももう少しつながっている人、信頼できるパートナーなり、仲間なんだなっていう広がりをもたせるようなことはできないのかと思います。家族がある種の社会の単位だという言い方については、家族を保護する責任が国家にあるという際に、ほかの国でも入っている条文です。

「助け合う家族」と福祉切り捨て

高橋　自民党は、世界人権宣言の一六条三項「家族は社会の自然かつ基礎的な単位であり」という文言を持ち出して、家族が社会の基礎的な単位だというのは決して復古的な家父長制ではないんだ、世界人権宣言のグローバル・スタンダードなんだと正当化しています。ところが世界人権宣言には「家族は、社会及び国による保護を受ける権利を有する」とあるのに、それが自民党草案になると、「家族は、互いに助け合わなければならない」と義務づけされるんですね。

岡野　今おっしゃられたことは、自己責任論の論調から、生活保護に対するひどいバッシングまでずっと共通しています。世帯主がシングルマザーの場合の貧困率は、とくに働いている母親世帯で見ると、OECD三〇カ国の中でワーストである五八％の世帯が貧困層です（OECD "Society at A Glauce" 2009）。日本の場合は生活保護へのスティグマを見ればわかりますが、社会権としての生活保護、福祉権という認識があまり浸透していない。多くのシングルマザーは、日本の場合は働いていて、シングルマザーでも死別だと経済的には若干余裕のある人の割合が増えるのですが、むしろ離縁して働いている人たちの方が貧困率が極めて高い（神原文子『子づれシングル――ひとり親家族の自立と社会的支援』明石書店、二〇一〇年、赤石千衣子『ひとり親家庭』岩波新書、二〇一四年、参照）。ですから、家族はすごく疲弊しながらも助け合ってきたという現状があるにもかかわらず、そのうえにむち打つような、「助け合わないといけない」と。自民党草案は、まさに自助努力で、国民は自分たちで助け合ってください、社会保障はもうこれで打ち切りですよというための布石ですね。しかもその家族というのが、非常に狭い、伝統的な家族像でしかない。だからある種の共助、共に助け合うような、緩やかなネットワークをつくっていくようなかたちではない。その後にこの両性の合意のみの「夫婦」というのが出てくる。これでは生きる基盤としての、人間のつながりを破壊します。

最近、認知症の九一歳の男性が踏切内に立ち入り死亡した事故で、ＪＲ東海がその家族に「注意義務を怠った」として損害賠償を求めた裁判の高裁での判決が出されました（二〇一四年四月二四日）。息子の注意義務は認めませんでしたが、妻については注意義務を怠ったと認め、賠償額は半減されましたが、八五歳の妻に約三六〇万円の支払いを命じました。

こういう例を見ると、家族が助け合わないといけないというのは、まったく世界人権宣言に逆行する。確かに、今、ある意味で、家族のつながりが最後のセイフティーネットになっているところが実際に多くて、そこからも抜け落ちてしまった人たちが、実際にネットカフェに家族で住んでいたりしている。おそらく生活保護を受けられる水準なんでしょうけど、お母さんと一四歳と一九歳の娘もネットカフェで暮らしているというケースがテレビ番組で紹介されていました。このような現状を放置して、家族で助け合えと言うのは現状にむち打つ感じがしますよね。本当に優しくない。

高橋　助け合わなければいけないといった道徳的なものを、憲法に定めるのもおかしい。憲法とは何かがわかっていない。

岡野　アメリカも九〇年代は、家族の価値を称揚する議論がいろいろと出た。ウエルフェア（福祉）からワークフェア（就労）へという流れの中で、家族が自助努力で面倒をみなさいというのはネオリベの一つの特徴ではあります。それは福祉を切り捨てるための方便です。だから、八〇年代はイギリスとアメリカで福祉がすごく削減されて、イギリスは、サッチャー政権時の七九年あたりから福祉国家からネオリベに移っていきますが、そのときに福祉をあまり手厚くすると、婚姻が壊れるという議論がされていました。

高橋　福祉を手厚くすると離婚が増えると（笑）。

岡野　そうなんです。福祉を重視すると婚姻制度が破綻するという議論が、保守派の方には根強くあります。つまり、経済的な支えを夫に頼らなくていいので、女性一人でも子どもを育てられるようになるからという理屈なんです。

高橋　それは逆に言うと、経済的には男が支えて、女性は男に依存して育児を担当するという、そういう家族をモデルにしているからでしょう。

岡野　そこからヨーロッパは世帯主モデル、ブレッド・ウィナーから全員が働くアダルト・ワーカーズ・モデルになったので、今度はそれでケアワーカーがいなくて、海外から労働力を入れようということになった。北欧にも最近、フィリピンからたくさんケアワーカーたちが入っていて、それが二一世紀になってからの一〇年間で急増している。だから男女平等とはどういうかたちの平等がいいのか、みんなが労働者になるのは本当にいいのか、実は今ちょっと疑問なところです。

〔補注〕

※1　ハーバーマス（一九二九-）はドイツの哲学者・社会学者。邦訳された著書に『公共性の構造転換』、『コミュニケーション的行為の理論』（未来社）、『近代の哲学的ディスクルス』（岩波書店）、『討議倫理』（法政大学出版

局）など多数。憲法パトリオティズムとは、東西ドイツ統一のころから言いだされたもので、「ドイツ・マルク・ナショナリズム」（『近代　未完のプロジェクト』岩波書店）によれば、統一ドイツの国民統合の軸として、民族、文化、経済システムを基準とするナショナリズムではなく、「国家公民からなる国民が体する規範的な価値」、具体的にはドイツ基本法にうたわれる人権の普遍性への同意を強調する考え方。

※2　橋下徹大阪市長が二〇一三年五月一三日、大阪市役所で記者団に答えた発言。

※3　河野洋平官房長官（当時）が一九九三年八月に発表した「慰安婦関係調査結果に関する河野内閣官房長官談話」。「慰安婦」問題について日本軍の関与を認め謝罪した。安倍第二次政権下で、河野談話を見直すとして、与党・自民党が同談話の作成過程等を検証し、二〇一四年六月に報告を発表。検証後も政府は河野談話の継承を表明している。

※4　籾井勝人氏は二〇一四年一月二五日、NHK会長就任会見で、「慰安婦をめぐる問題」についての質問に「（従軍慰安婦）は戦争をしているどこの国にもあった」、「韓国が、日本だけが強制連行をしたみたいなことを言っているから、話がややこしいですよ」などと答えている。

※5　NHKの新経営委員に、小説家で首相と親交のある百田尚樹氏、保守論客の長谷川三千子氏、海陽学園海陽中等教育学校長の中島尚正氏、安倍首相の元家庭教師で日本たばこ産業（JT）顧問の本田勝彦氏の四人が選ばれ、二〇一三年一一月八日、国会で承認された。

※6　二〇一三年八月、集団的自衛権行使容認論者として知られる、駐仏大使だった小松一郎氏が内閣法制局長官に任命された。二〇一四年五月一六日、体調不良のため就任後一年を経ず辞任、翌月死去。

※7　囚人のジレンマとは、ゲーム理論から提出されたモデル。懲役五年の刑期で、それぞれ独房で服役している二人の囚人は、別の事件での共犯者でもあるらしいのだが、決定的な証拠はなく自白だけが頼りだ。そこで検察官は、二人の囚人に同じ条件の司法取引を持ちかけた。一、二人とも黙秘を続けた場合は新たな事件では不起

訴となり現在の刑期は変わらない。二、一人だけ自白した場合は、自白した者は釈放、自白しなかった者は懲役二〇年。三、二人とも自白した場合は、二人とも懲役一〇年。さて、二人の囚人の答えは？　というもの。二人の囚人にとって共通の利益になるのは二人とも黙秘を貫いた場合だが、裏切られるのではとの不安から自白すると不利益が増える。相互の信頼・協調があった方が利益にかなうのに、往々にして不信感から不利益な行動を選んでしまう。政治学や経済学で、軍拡競争や値下げ競争などにあてはめられる。

※8　東京第五検察審査会は福島第一原発事故に関し、二〇一四年七月二三日付で東京地検が不起訴処分とした東京電力の事故当時の経営陣、勝俣恒久元会長、武藤栄元副社長、武黒一郎元フェローの三人に対し、「起訴相当」と議決した。これを受け東京地検は再捜査を行なったが、二〇一五年一月二二日、二度目の不起訴処分（嫌疑不十分）とした。

※9　二〇〇一年一月三〇日放映のNHKドキュメント番組ETV2001「戦争をどう裁くか」第2回「問われる戦時性暴力」で、二〇〇〇年に東京で開かれた「日本軍性奴隷制を裁く女性国際戦犯法廷」が取り上げられたが、制作時と放映時で内容が改ざんされていた問題。取材に協力した女性国際戦犯法廷の日本側の主催者であるバウネット・ジャパンは、製作・編集したNHK、NHKエンタープライズ21、ドキュメンタリージャパンを相手取り、「信頼（期待）利益の侵害」「説明義務違反」を問う訴訟を東京地裁に提訴。二〇〇八年六月一二日に出された最高裁判決は、番組改ざんについていずれの責任も認めず、バウネット側は敗訴した。安倍晋三氏は、この判決について「最高裁判決においても（安倍氏と中川氏が番組編集に介入したという主旨の）朝日新聞の報道がねつ造であったことを再度確認することができました」とのコメントを出している。高橋氏は、同番組のコメンテーターの一人だった。

※10　下村博文文科相は四月八日の記者会見で、教育勅語について「至極まともなことが書かれていると思う。軍国主義教育の推進の象徴のように使われたのが問題だった」と述べた。（『朝日新聞』二〇一四年四月九日付）

※11　ロストジェネレーション。バブル崩壊後の就職氷河期といわれた時期に就職活動をした世代。フリーターや派遣など非正規雇用となる者も多く、格差や貧困が社会問題となった。

※12　宮沢俊義の八月革命説とは、一九四五年八月のポツダム宣言受諾により日本国の主権が天皇から国民に移ったとみなし、この主権の移動を革命にたとえて大日本帝国憲法から日本国憲法への移行を説明しようとするもの。

※13　自民党憲法草案　前文「日本国は、長い歴史と固有の文化を持ち、国民統合の象徴である天皇を戴く国家であって、国民主権の下、立法、行政及び司法の三権分立に基づいて統治される。

我が国は、先の大戦による荒廃や幾多の大災害を乗り越えて発展し、今や国際社会において重要な地位を占めており、平和主義の下、諸外国との友好関係を増進し、世界の平和と繁栄に貢献する。

日本国民は、国と郷土を誇りと気概を持って自ら守り、基本的人権を尊重するとともに、和を尊び、家族や社会全体が互いに助け合って国家を形成する。

我々は、自由と規律を重んじ、美しい国土と自然環境を守りつつ、教育や科学技術を振興し、活力ある経済活動を通じて国を成長させる。日本国民は、良き伝統と我々の国家を末永く子孫に継承するため、ここに、この憲法を制定する。」

※14　日本国憲法　前文「日本国民は、正当に選挙された国会における代表者を通じて行動し、われらとわれらの子孫のために、諸国民との協和による成果と、わが国全土にわたつて自由のもたらす恵沢を確保し、政府の行為によつて再び戦争の惨禍が起ることのないやうにすることを決意し、ここに主権が国民に存することを宣言し、この憲法を確定する。そもそも国政は、国民の厳粛な信託によるものであつて、その権威は国民に由来し、その権力は国民の代表者がこれを行使し、その福利は国民がこれを享受する。これは人類普遍の原理であり、この憲法は、かかる原理に基くものである。われらは、これに反する一切の憲法、法令及び詔勅を排除する。

日本国民は、恒久の平和を念願し、人間相互の関係を支配する崇高な理想を深く自覚するのであつて、平和を愛する諸国民の公正と信義に信頼して、われらの安全と生存を保持しようと決意した。われらは、平和を維持し、専制と隷従、圧迫と偏狭を地上から永遠に除去しようと努めてゐる国際社会において、名誉ある地位を占めたいと思ふ。われらは、全世界の国民が、ひとしく恐怖と欠乏から免かれ、平和のうちに生存する権利を有することを確認する。

われらは、いづれの国家も、自国のことのみに専念して他国を無視してはならないのであつて、政治道徳の法則は、普遍的なものであり、この法則に従ふことは、自国の主権を維持し、他国と対等関係に立たうとする各国の責務であると信ずる。

日本国民は、国家の名誉にかけ、全力をあげてこの崇高な理想と目的を達成することを誓ふ。」

※15　国連の人種差別撤廃委員会は二〇一四年八月二九日、日本政府に対し、沖縄の人々は「先住民族」であり、ユネスコ（国連教育科学文化機関）が琉球・沖縄について認めている特有の民族性、歴史、文化、伝統を保護するよう勧告する、「最終見解」を発表した。同委員会の日本に対する審査は、一九九五年に日本が人種差別撤廃条約を締結して以来、三回目。

II

日本国憲法九条をめぐる問題

1　立憲主義には九条こそが似合う

立憲主義と軍隊

岡野　憲法の大前提とは、個人の人権を認めた上で、それを侵さない政治国家をつくるための、権力者に対するある種の命令です。例えば一九条の「思想及び良心の自由は、これを侵してはならない」は、国家に対する、権力者に対する強い命令文ですが、「良心の自由は保障する」に書き換えられると、国が保障するからこそ自由が存在することになる。それは論理が逆転している。ここは、今の自民党憲法草案が憲法の名に値しないということがよく出ているところだと私は思っています。

高橋　それなら、帝国憲法、明治憲法は憲法の名に値したのかという疑問をもつ人もいるかもしれない。人によっては、聖徳太子の一七条憲法にさかのぼる人もいて、櫻井よしこ氏などはそうですね。

岡野　私の考えでは値しないですね。

高橋　近代の民主主義憲法のモデルからすれば、憲法の名には値しないとなるでしょう。帝国憲法も、例えば伊藤博文は西欧諸国をちゃんと見て勉強してきて、憲法には帝権に対する制限という側面があると主張したといわれています。だから、立憲主義的な発想がないとはいえないけれども、あれをアジア最初の近代憲法だと誇るには、立憲主義の本質からは相当外れていたと言わざるを得ない。

岡野　憲法の議論をする際には、立憲主義とは何かという、その前提を最初に押さえないと議論ができない。今の九条の、特に二項を変えて、自衛のための戦争、あるいは集団的自衛権も行使可能になるような改憲論に対して、そもそも立憲主義、つまり個人の尊厳、あるいは個人の基本的人権を尊重するためにこそ国が存在していると宣言する憲法の下で、はたして軍隊が存続可能なのか。

〔第九条　日本国民は、正義と秩序を基調とする国際平和を誠実に希求し、国権の発動たる戦争と、武力による威嚇又は武力の行使は、国際紛争を解決する手段としては、永久にこれを放棄する。／2　前項の目的を達するため、陸海空軍その他の戦力は、これを保持しない。国の交戦権は、これを認めない。〕

もちろん他のほとんどの国は軍隊をもっています。けれども、私がこれこそ立憲主義だと考える精神からすると、まさに日本国憲法九条の交戦権の放棄、軍備をもたないという二項は、立憲主義の、つまり国家が国民を道具として扱わないという宣言としては、いちばん象徴的な条項だと思っています。

もし私の立憲主義の理解が正しいとすると、むしろ軍隊をもっている他の国々が非常にいびつな立憲主義を取っている。つまり国家の存亡が危ういときには、国民は国のために死ねと命令できる権利を国に残しているわけですね。もちろん近代国家ができたときの一番大きな条件が国民軍をもつことだったし、国家だけが合法的な暴力を行使できることは、たぶん近代国家の基軸にある。そのそもそもの近代国家の成り立ちと立憲主義をどう両立させて考えられるのかが、私にはうまく説明ができない。むしろそういうリアルな国家が出てきたときにすべての国民から武器を放棄させて、絶対主義国家の継承として、国家が武力を独占するようなリヴァイアサン的な主権国家ができた。それとこの立憲主義の考え方は同じ系統なのか。

高橋　立憲主義を突きつめていけば、国防軍の存在は矛盾を含むことになる。それに対して、現在の日本国憲法の九条は、筋が通っていると。

岡野　そうです。私には説明がつきやすい。

高橋　日本国憲法は一三条で個人の生命、自由及び幸福追求の権利、とりわけ生命の権利が保障されている。これは戦争が始まれば保障できない。憲法が成立した歴史的な経緯は別として、憲法全体を一三条を基本として整合的に読もうとするのはどうか。そうすると国の交戦権を認めたのでは、本来、国が保障すべき、全て国民は個人として尊重されるというその個人の生命や自由や幸福追求の権利を侵害することになるので、それをさせないためには戦争を放棄し、軍隊を保有しないいんだという、そういう論理になってくるということですね。立憲主義の本質からすれば、九条こそが本来出てくるべき安全保障の条文なのだということになる。

岡野　考え方としてそういうことだろうと思うのです。

「常備軍は全廃されるべきである」カント

高橋　例えばカントの永遠平和論には、「時に応じて常備軍は全廃されるべきである」とありますけれども、いくつか理由を挙げていますね。

岡野　そう、軍拡競争を始めると軍事費が負担になって、かえって戦争を始めてしまうからというのもありましたね。

「常備軍が刺激となって、たがいに無際限な軍備の拡大を競うようになると、それに費やされる軍事費の増大で、ついには平和の方が短期の戦争よりもいっそう重荷となり、この重荷を逃れるために、常備軍そのものが先制攻撃の原因となるのである」（イマニュエル・カント『永遠平和のために』宇都宮芳明訳、岩波文庫）。

高橋　さらに「人を殺したり人に殺されたりするために雇われることは、人間がたんなる機械や道具としてほかのものの（国家の）手で使用されることを含んでいる」から、本来駄目なのだということがあります。だから、「時に応じて」なんだけれども、常備軍はいずれ全廃すべきであるという。一人一人の個人の尊厳を前提に置くならば、戦争はできない。とりわけ兵士として動員される人たちは殺し殺される最前線に置かれるのだから、その人たちの人権がまず真っ先に奪われてしまうではないかという考え方です。

岡野　私の考えもカントに近いものです。

高橋　同感です。マイケル・ウォルツァーは『Just and Unjust Wars』（『正しい戦争と不正な戦争』風行社）という本の中で、いわゆる正戦の条件をいろいろ論じていますが、やはり本来、国民の安全を守るべき国家がいったん戦争を始めてしまうと、国民を危険にさらすことになる。真っ先に兵士を危険にさらすことになる。だから、そこには根本的なパラドックス、アポリアがあると指摘しています。しかし、彼はそれ以上は踏み込まない。

岡野　ウォルツァーは正戦はありうるという立場ですからね。

高橋　例えば先ほど引用したドイツの基本法でも、一条に人間の尊厳は不可侵云々と掲げているにもかかわらず、軍隊は認めているし、軍事行動も認めている。生命の権利をどう捉えるのか。あるいはとりわけ人間の尊厳をどう捉えるのかという問題にもなってくる。

例えばこういう反論が考えられますね。一国内で見た場合に、国家が国民の人権を保障するというときには、そういう矛盾が出てくるかもしれないけれども、他国から、あるいは外敵が攻撃してきたときに、国民の生命、財産、自由、幸福追求の権利を守るためには、攻撃に対して反撃しなければならない。まさに自衛権の発動が必要になるので、そのためには一部の国民、つまり兵士の生命がリスクにさらされるのはやむを得ない。それについてあらかじめ国民の意思を確認しておけば、憲法でそれをあらかじめ規定しておけば、それは可能だし、可能であるのみならず、必要なのだという考え方です。

そして、現在の国際関係においては、おそらく人間本性論からして、人は人にとってオオカミであるという考え方を取るならば、いつの時代になってもこれは変わらないこととして、自衛権の発動としての軍事力の行使は担保しておかなければ国民の生命は守れない、こういう考え方になるんですね。

岡野　本当に目の前に敵が来たときに、まさに正当防衛のかたちで自分の身を守る。これは当然の、それこそ自然権の範囲だという議論は直観レベルでできる。そこでよくいわれるのは、国内的には警察がいて、もし自分で反撃できなかったら、警察が捕まえてくれるし、裁判も開かれる。それが国際社会になると、警察がいない。国連はどうもその機能を果たし得ないので、だからこそ、それぞれの個々の国が自衛して、自分は自分で守らないといけないというアナロジーが語られる。

安倍氏などがそうですね、今のかたちで武力放棄、交戦権放棄すると、日本の領海内に入ってきたテロリストが今にも銃を撃つことがわかっているのに、それを放置しておくのかという議論をします。いつテロリストたちがやってくるかわからないから、そのときに、それを軍隊で迎撃する、その力を日本はちゃんとつけておかないといけない。こういう論理です。

まず、そういう事態が実際に想定されるのか。

高橋　そして、そういう攻撃があったときに軍事力で防御して、国民の生命を守れると言えるのか。

岡野　あそこまで細微にわたって盗聴までして、いろいろな情報をもっていたアメリカでさえ、9・11〔二〇〇一年九月一一日に起きた米国同時多発テロ。〕のときに、何となく危険だとはわかっていたけれども、やはりどこから何が飛んでくるかわからない状態だったわけです。あのアメリカさえもできなかった、それなのに撃たれる前に撃ちかえす想定がそんなにリアルに考えられるのかというのもあります。それでは反撃しないのかと言われると、非武装ということからいくと、やはり事前にわかっているのであれば、そこに「やめてください」と言いに行くしかないわけです。

軍事力は平和を生み出さない

高橋　人民の安全を保障するという点で言えば、軍事力はかえって危ういということですね。

岡野　カントは『永遠平和のために』の第一条項で「将来の戦争の種をひそかに保留して締結された平和条約は、決して平和条約とみなされてはならない」と言っていて、その理由として「なぜなら、その場合には、それは実はたんなる休戦であり、敵対行為の延期であって、平和ではないからである」としています。常備軍をもっているということは、常に敵対している国を想定しているし、いつでも攻撃できる体制を整えている状態ですから、それは平和でも何でもない。むしろ臨戦状態です。

普通の国になりたいと言っている人たちは、軍隊があるからこそ平和が維持できたという言い方をずっとしてきた。軍事力によってしか平和は維持されない。なぜならば、ならず者国家、国際法の秩序を乱す者が確実にいる。かつては旧ソ連だったのが、今は北朝鮮、中国というかたちで、彼らはそれを国民に危機としてメッセージを発するわけです。そういう危機感をあおられるなかで、ミサイルが飛んできたから撃ち返すというのは、非現実的な感じがして、私にとってはリアルでも何でもない。反撃して、国民に一切被害が出なかったような実例があるのかどうか。アメリカに関して言えば、明らかにあの9・11の後、攻撃に向かったイラク、アフガニスタンの人を含め、国民は大いに死んでいるわけです。イラク戦争では、自衛のための反撃どころか先制攻撃をしました。その結果、アメリカに平和がもたらされた、あるいは国民の生命が守られたと思えず、むしろ危機にさらされたし、実際にアメリカ国民は殺害されたし、殺人をさせられた。だから、9・11の直後、もし国民の生命とか権利を考えれば、違う選択肢があったはずなんです。

高橋　立憲主義を徹底するならば、人民は為政者に戦争という選択肢を禁じ、別の選択肢を取るよう命じることになる。日本国憲法はそういうふうにつくられている。もしも政権担当者が日本国憲法を順守するのであれば、軍事的な対応力を高めるのではなくて、あくまでも外交によってあらゆる政治的な知恵を発揮して、周辺諸国との敵対関係を解消し、安定した信頼関係を醸成するような努力を必死でやるべきなんです。ところが、そういうことをした政権、政治家はほとんど記憶にない。

安全保障はもっぱらアメリカに依存して、日米安保体制でやってきたわけですから、日米安保体制と憲法との関係も議論しなければいけない。日本国憲法の理念からすれば、非軍事的な方途で平和を確保するという選択をしている、そしてそれは決して夢物語ではない、リアルな力もあると思うんですよ。

ただ、そういう選択をしないで、朝鮮戦争をきっかけに自衛隊をつくって、それを増強してきて、かつ日米安保条約体制を日米同盟というかたちで、この間、日米の軍事的一体化、米軍と自衛隊の一体化を進めてきている。ここまで来た状況で、今の憲法をどう考えるのかという問題になる。今の憲法の理想を実現するのは、決して簡単ではない。今はその前提をつくるのに大変な努力がいる時代になってしまったというのが私の認識です。そのためには、何と言っても、東アジアの安全保障秩序をつくっていかなければならない。その大前提として周辺諸国との信頼関係がなければならないのですが、今それがない。それは一方では戦後日本の歩みがつくり出した状況であると同時に、それをあおっている今の政治権力の問題でもある。

だから、非常に大きな歴史的な流れと、戦後の歴史と、そういったものが積み重なって現在に至っていて、今は憲法九条がまったくの夢物語のように見えてしまっている。この状況からどうやって理想を追求していくのか。

岡野　理想からあまりにもかけ離れてしまったので、日米安保の下でそれなりに保たれてきた日本の平和に見合った改憲をというのは、よく言われることですよね。

高橋　それが多分、今のマジョリティに対して一番説得力があると思っているのでしょう。軍事大国になるとか、アメリカと同じように軍事力の強い国になるとか言ってもあまりアピールしないでしょうから。日米安保体制下で保たれてきた平和に見合った改憲という言い方に対してどう対抗するのかということです。

岡野　ベトナム戦争のとき、沖縄からたくさんの米軍機が飛んで、沖縄を中心にして参戦してきたところもありますけれども、それでも軍隊としては自衛隊を出せなかった。ぎりぎりの歯止めにはなってきたのは確かとはいえないですか。

高橋　九条は確かに歯止めにはなってきているけれども、それがどんどん形骸化させられてきて、その最後の歯止めの力すら、今、奪われようとしているということでしょう。

自民党の憲法改正草案の話を立憲主義という観点からしてきましたけれども、安倍首相、安倍政権、自民党、この人たちが真っ先に変えたいのはやはり九条でしょう。九条を変えたら当然、自衛の名において戦争することになる。戦争とは呼ばないけれども、戦争することになる。

そうなったときに、日本の自衛隊員、あるいは国防軍兵士は何のために死ぬのか。実際には内閣総理大臣の命令で戦場に行くわけだけれど、何のために死ぬのかとなったら、首相のために死のうという人はいないだろう。だから、かつてであれば悠久の大義といわれたようなものがないといけないと、多分思っているでしょう。そこで「長い歴史と固有の文化を持つ天皇を戴く国家」みたいなものがやはり必要だと彼らは思っているわけですね。それが特に今の若者を動員するのに有効かどうかは疑問だけれども、そういうものがないとできないと思っているんだと思う。

そして、自衛の名においてであっても、戦争をすれば戦死者が出る。そういった犠牲に耐えられる社会や国民の意識をつくっていかなければいけないから、愛国心教育とか、靖国神社参拝といったことが当然出てくるわけです。

だから、自民党の憲法改正草案の他の部分は、九条を変えたときに、それに伴って国のあり方も変えていかないと、実際には法律を変えただけでは戦争できませんよということではないか。真っ先に変えたいのは九条であり、それを変えようとして、この前の総選挙で九条を変えて国防軍をつくろうと言ったけれども、全然受けなかったので、九六条の改正案に戦術を変えた。これも批判を受けたので、結局、解釈改憲に今来ているんだと思うんですね。

解釈改憲は認められない

高橋　そうすると、憲法九条の解釈改憲によって何をしようとしているのか。そもそも解釈改憲とは何なのかということになる。これも、岡野さんがおっしゃっている立憲主義というものの観点からして、やはり本来認められないものでしょう?

岡野　まったく認められません。

高橋　つまり九条を変えるのなら、二〇一二年の総選挙のときに言ったように、きちんと憲法改正を掲げて堂々と勝負しなければいけないのに、それができないから、ちょっと改正のハードルを下げようというのが九六条改憲。それもできないから、とにかく政府の解釈を変えてしまえばいいというのが九条の解釈改憲。そうなったら、時の政府が憲法解釈を変えて、明文が変わっていない憲法に反することができる。九条でできるなら、九条以外でも、いくらでもそれができることになる。これまで政府自体が憲法違反だと言ってきたことを、憲法を変えずにやれるようにするというわけですから、これはもう憲法が政府を縛っていない。憲法の規範力が完全に失われることになるので、政府は憲法に縛られずに勝手なことができることになる。そうなると政権は……。

岡野　一種の独裁政権と言ってもおかしくないですよね。

高橋　確かに九条の歴史を考えると、解釈改憲があった。そもそも九条は非武装を要求しているのに自衛隊をつくった。それが憲法に違反しませんというためにいろいろ議論をして、特に内閣法制局で個別的自衛権は自然権としてあるんだから、これは行使もできる。国民の安全を守るための実力行使を憲法が禁じるはずはない、と。

けれども、集団的自衛権については、密接な関係のある国が攻撃されたとしても、自国が攻撃されていないのに反撃することは憲法九条の下ではできませんよとずっと言ってきた。これ自体が一種の解釈改憲の上にできた解釈ですけれども、しかし、長年自民党政権が言ってきた、そして歴代の内閣法制局長官も、九条の下でできるのはぎりぎりここまでであって、それ以上つまり集団的自衛権の行使は、この憲法の中からどこからも絶対に出てこないと言っていた。それを法制局長官の首をすげ替えて、閣議決定をして、そういう答弁をさせましょうというわけですから、これもまた立憲主義の否定です。

岡野　最高機関としての国会すらも無視しているという、本当に深刻な事態です。

高橋　やはり安倍首相は憲法とは何かを知らないんだろうか。法学部卒業の首相なのに。

岡野　「芦部憲法」を知らない〔憲法学者・芦部信喜氏の著書『憲法』（岩波書店）は憲法学の代表的な教科書。〕。

高橋　民主党の小西洋之議員の質問で、憲法一三条のことも知らなかった。芦部氏のことも知らなかった〔二〇一三年三月二九日の参議院予算委員会での質疑。〕。「国会はクイズをやる場ではない」とか反論したらしいけれども、それではやはり首相失格ですよ。

岡野　総理大臣とは憲法を最も守らないといけない。法の精神を体現するぐらいの覚悟で、法の下で政治を行なうのが総理大臣の仕事のはずなんです。だから、一次政権のときには靖国参拝を何とか我慢していたのが、二次政権になって、もう堂々と靖国に行き始めたというのは本当に変化が大きい。靖国参拝も集団的自衛権の行使解禁に向けた一つの布石だと思うんですね。

高橋　いったん集団的自衛権は行使可能としてしまえば、これは中核的概念といわれているもの、つまり密接な関係がある国が攻撃されたら、自分が攻撃されてなくても同盟国と一緒に反撃するという、そういうものを基本的に認めていくことになるので、地球の裏側まで自衛隊が行く。国防軍兵士が行くことになって、戦争する国になるでしょう。

そのときに「これは解釈で変えただけで、九条は残っていますよ」と言っても、何の意味もない。九条には何の意味もなくなってしまう。なぜならば、九条があるから日本は個別的自衛権は行使できるけど、集団的自衛権だけは行使できない、それで海外派兵はしませんと言ってきたわけだから、これができるようになったら九条の意味がない。普通の国と同じことになってしまう。そうやって形骸化して、九条をなくしましょうということなのかもしれません。

失われる憲法の規範力

岡野　本当に異常な事態です。憲法の条文が常に無視され続けていくような近代国家なんて想像がつかない。先ほど高橋さんがおっしゃったように憲法九条のもつ規範力がなくなっていくと、それは他のさまざまな条文にも相当な影響を与える危険な状況です。政治家たちが憲法に対する尊敬の念もなく、単なる紙切れのような振る舞いをし続けると、それはやはり市民にも非常な影響を与えます。法律がもっている規範力とは何か。何に由来して私たちは法律をつくっていくのかというのが状況によって変わっていく。すごく不安定な世の中になりますよね。

高橋　権力者のいいようにやられていく国になる。

九条が現状でここまで来ているのに、これを守ることにどういう意味があるのかが問題になってくるでしょう。確かに現状では、九条は空洞化している。最低限の規範力として、海外派兵はしませんよということで来ているけれど、それもイラク派兵で実質的には踏み越えられてしまった。ドンパチはしなかったけれども、後方支援とか、米軍兵士の輸送などを実際はやったわけです。

岡野　あのとき、当時の小泉首相は「非戦闘地域をどう定義するのか」と問われて「自衛隊が行ったところは非戦闘地域です」と答えました。

高橋　そういう発言が面白おかしく取り上げられるだけで、何ら政治家の政治生命に影響しないところが問題です。

そもそも今の九条をどう捉えるか。現実は九条の命じるところとはほど遠い。法律その他も外堀をほとんど埋められてしまって、内堀も埋められてしまっていて、九条の文言だけがかろうじて残っている状況です。

にもかかわらず、これを理想として理念として保持しておくことによって、非軍事的な平和、非軍事的な安全保障に向かって政治を方向付けることができる。これは立憲主義が成り立っていないと駄目なんですが、憲法とはあくまでも国の政治、権力者に「こうしなさい」と、あるいは「こうしちゃいけませんよ」「こうすべきであって、こうすべきでありませんよ」ということを命じる法の体系なので、これによって命じられるように政治家はしなければいけない。これがあることによって、軍事力増強は駄目ですよ、軍事化は駄目ですよ、逆に軍縮しなさい、軍縮がすぐには難しいのであればその前提になっている障害物を取り除きなさい、と。そういうことを命じているのが九条だと思うんです。いったんこれ自体を変えられてしまえば、歯止めはまったくなくなっていくような気がします。

岡野　よく言われるのは「九条改憲に反対している護憲の人たちは、戦前に戻るとか、戦争になるとか大騒ぎしているけれど、それは全然違う。今、そんなことを誰も考えていません」というような言い方です。しかし歴史を振り返ってみれば、本当に最後の最後に残っている日本の平和主義の歯止めをなくしたら、戦争に巻き込まれるだろうし、危険もなお一層高まる。今、アジアが不安定化しているとすると、九条をなくしてしまったら、アジアの世界から見たら、日本はやはり戦争をする国へと戻ろうとしているとしか受け止められない。

高橋　中国や韓国から見れば、戦後の約束はどうなったのかということになる。集団的自衛権の行使を認めるだけでも、相当の反発があると思います。それ以外の部分でも対立が深まっているわけだから、一種の挑発行為として受け止められることになるでしょうね。

岡野　その危険性、そのリスクというのはどうやったら伝わりますかね。

高橋　九条の意味はいろいろ言われてきたけれども、もともとは敗戦後に日本が武装解除されたというのが率直なところでしょう。戦勝国が、二度と日本軍が脅威にならないように、そうした。天皇制を残すか、それとも軍隊を残すかという選択肢があったけれども、両方一緒に残してしまうと、天皇の軍隊がそのまま残ってしまう。それは危険だということで、天皇はその地位にとどめ、むしろこれを利用するかたちで軍隊を解体することによって、国際的な理解、納得を得ようとしたのがアメリカだった。

　それは、アメリカにとっては日本の脅威を取り除くことだったし、アジア諸国にとっては、二度と日本軍が牙をむいてこないための保障だったわけです。だからアジア諸国にとっては、そういう意味をずっと持ち続けている。今の日本は、もう軍事技術も違っているし、かつてのような侵略的な総力戦はできないと思うんですね。だから、同じような戦争が繰り返されることはないと思いますけれども、しかし、それでも日本がもう一度戦争する方向に向かうなら、アジア諸国に対する裏切りとして受け止められるのは避けられないと思いますね。

「まず、総理から前線へ。」

岡野　安倍氏の、自分たちがトップにいることで保ちたい自信を一つ欠けさせているのは、この国だけが軍隊をもっていないという事実です。アメリカだったら大統領が命令して、軍隊を発動させるわけです。宣戦布告もする。政治家として、そういう力をもっていないことに、ある種の引け目を感じているんじゃないかと思います。韓国もやはり徴兵制があって、中国も大きな人民軍をもっていて、日本だけがそれがないことになっているわけですよね。

高橋　安倍首相は迷彩服を着て、戦車に乗って嬉々としていたでしょう。731と番号のついた飛行機にも乗った。本当に信じられないパフォーマンスです。子どもじみていますが、案外本気なのかもしれない。

それで思い出すのは、安倍氏が岡崎久彦氏との対談本（『この国を守る決意』扶桑社、二〇〇四）で語ったことです。安倍氏はそこで、日米同盟は「血の同盟」だと言っています。アメリカ兵が日本を守るために血を流してくれるのに、日本は、アメリカが攻撃されたときに血を流さないでいいのかと言っているんです。しかし、そのときに流れる血は自衛隊員の血、国防軍兵士の血であって、自分は血を流さない。

岡野　政治家や官僚は安全地帯にいる。

高橋　上から命令する立場ですから。先ほどの根本的な問題、つまり国を守るためと称して軍備をつけれども、しかしいったん戦争になったら、自衛戦争であろうとなかろうと、まずは自国の国民から成る兵士が盾となって命を失っていく。国民の命を守るはずの政府が、国民の命を奪うことに結局はなってしまうのだという話につながるんです。

ですから、安倍首相に答えてほしい。戦車に乗って、戦闘機に乗って、あんなパフォーマンスをやっているのなら、本当にあなたが最前線に行って戦う覚悟があるのか。アメリカの要請で戦争して、あなたの命令で、日本の自衛隊員が血を流す。それなら、あなたがまず最初に行って血を流してきたらどうか。そんなに血を流したいなら、自分の血を流すつもりがあるのかということを、問わなければいけないんじゃないか。

岡野　「まず、総理から前線へ。」という糸井重里氏のコピーがありましたね。

高橋　安倍首相のような人には、戦争絶滅受合法案を進呈したい。長谷川如是閑が紹介した戦争絶滅受合法案についてはご存じだと思いますが、戦争が始まったら一〇時間以内に、次の順番で最前線に一兵卒として送り込むべしという。まず国家元首、次に国家元首の男性親族一六歳以上の者、次に国務大臣と次官、トップは内閣総理大臣ですね。四番目に国会議員で、ただし戦争に反対した議員は除く。最後に宗教界の指導者。これに軍事産業の経営者を付け加えれば一番いいと思いますけどね。戦争になったらこういう人たちから真っ先に血を流さなければならない。その覚悟もない人が「日本も血を流すべきではないか」などと言って国防軍をつくろう、集団的自衛権を認めようというのはちょっと傲慢じゃないか。

岡野　二〇一三年、一四年ともに八・一五の戦没者追悼式で、安倍首相が式辞として述べた内容には、今まで継承されてきたアジア諸国の人々に対する言葉がなかった。

高橋　加害責任も不戦の誓いもなかった。

岡野　「死んでいった人たちに感謝する」というような言葉で終わっています。戦争が終わって、海外だけではなく、日本国内でもすごく悲惨な思いをして生きてきた人たちがいるにもかかわらず、そこで触れられているのは、本当に兵士のことだけなんです。しかも、国のために、お父さんとかお母さんとかを思って死んでいった人たちに感謝しましょうというようなかたちになっていて、その想像力たるや何と貧しいことか。空襲で死んでいったり、戦後ずっと苦労して生きてきた人たちへの思いはまったくない。

高橋　靖国派の面目躍如たるところでしょうね。全国戦没者追悼式の首相の式辞は、まさに安倍氏が独自色を出したんでしょう。細川護熙首相以降、アジアに対する加害責任への言及と不戦の誓いはずっと続いてきたけれども、その二つを見事に落として、しかも戦没兵士の「貴い犠牲」に対する感謝と敬意を語ったものです。これは靖国神社の論理とまったく同じです。

「靖国」という犠牲のシステム

高橋　靖国は教育と並んで、戦前戦中の日本の軍国主義を支えたシステムです。教育勅語の「一旦緩急あれば」という、あれを実行したのが日本軍の戦死者だとして、彼らを英霊として感謝と敬意をささげる。そのことで遺族の悲しみをむしろ名誉心に変えて、それを見る国民にも、英霊こそが国民の模範だから、彼らを見習って後に続かなければいけないと思わせ、それによって戦死に対する疑問、批判、不満を封じ込め、厭戦感情や反戦の主張をあらかじめ抑え込む。そういう役割が靖国にはある。

靖国神社が今のままでは、集団的自衛権の発動によって生じた自衛隊、国防軍兵士の死者を祀るということは、民間の一宗教法人に過ぎない以上、難しいと思うんですね。戦後はそれでも憲法違反をして祀ってきましたが、今はさすがにそれは新たにできないでしょう。だけれども、靖国の精神というか靖国思想というものは、戦争するためにはどうしても不可欠なものと日本では考えられている。「天皇を戴く国家」の戦争となれば、これは文字どおり、戦死者は靖国の英霊にふさわしいということになっていく。自分が死ぬのではなくて、自分は戦死者を靖国で慰霊すればいいと思っているんですよ。

岡野　どうして靖国に参拝することが平和への誓いになるのか。それがメディアで流されても、ほとんどそれがすっと通っていくような社会に今はなっている。どれだけ靖国の遊就館であの戦争をたたえているかということを、アジアの人はよく知っている。今、靖国にずいぶん参拝者が増えていますよね。遊就館まで行っているんですかね。

高橋　行っていると思いますよ。それで「これまで教えられてきたことが自虐史観だったことがわかった」とか、「日本人として誇りを感じた」とか、そういう感想を書く人たちがいるじゃないですか。靖国的なものへの共感がつくり出されていく。

岡野　何かのために自分を犠牲にするとかいう経験がない人にとっては、リアリティがあるかないかは別にしても、命がけで何かのために戦ったことがすごいというようなイメージが最初に入ってくるんでしょうかね。

高橋　若い人の中でも、みんなわがままになっているとか、自己主張ばかりしているという感覚をもっている人はいます。そういう人があそこへ行けば、自分たちの国のために戦って死んだ人がいたんだと感動してしまうことはありうるんじゃないでしょうか。

　小泉参拝のときから、若い世代の靖国ファンが増えてきました。

岡野　増えていますね。八月一五日に、お祭りのようにみんな、いろんなコスチュームを着て行ったりとか、ちょうど映画でも取り上げられましたよね。

高橋　『靖国 YASUKUNI』（李纓監督、二〇〇八年公開）ですね。小泉参拝のときから若者の靖国ファンが増えた。参拝者も増えた。それまでは、靖国といっても、若い世代には概して関係ない世界だったと思うんです。

小泉首相が参拝を繰り返したころは小泉ブームがあって、彼はカリスマ性をもった首相と見られていました。若い世代は、国のために死んだ人が祀られている靖国神社に参拝して、なぜ中国、韓国から文句を言われなければいけないのか、これがわからないわけです。まずは戦争の歴史を知らない。それから靖国神社の歴史、あるいは靖国神社がどういう神社であるのか、どういう意味をもっていたのかも知らない。それは戦死した人たちが祀られているところで、そこに行って彼らの冥福を祈る場所だくらいに思っているわけでしょう。そうすると、首相が国民を代表して行ったのに、どうして他の国から文句を言われなきゃいけないのかというのは、すごく素朴な反発だと思うんですね。私はそこから始まったような気がしますね。そういう人たちがどんどん増えていって、今でも安倍首相の参拝に対して、これを支持する人の中身を見ると、若い層が比較的多い。

岡野　教育もすごく大切です。ですから、歴史教科書を書き換えることはとても影響力がありますよね。女子大で政治思想史を教えていて、日本の改憲の話とか、改憲草案との対照表なんかを見せて「どう思う?」とか尋ねてみたら、思ったより九条が大切と考えている学生が多くて「戦争に行くなんてあり得ないし、戦争なんていうのは企業のために行くだけで、国民のことなんか一切考えてない」といった意見が多いんです。それはちょっとうれしい驚きでした。みんな九条を守らないといけないと言っていました。自分の好きになった人が戦争に連れてかれるのは、とてもじゃないけど許せないと。それが大半でした。

高橋　でも、靖国に参拝して、中国、韓国から文句を言われるのも、ちょっと気に入らないという人たちも結構いるかもしれませんよ。

アーリントンと靖国

岡野　安倍氏の参拝を支持する人たちは、アーリントン墓地とよく比較します。あらゆる国で政治の代表者が冥福を祈りに行って、感謝の意を表するのは当然だという議論になる。けれども、それはアーリントン墓地と靖国の歴史の違いを無視している。アジアの人たちに与えてきた影響、当時植民地として徴兵されて、靖国に不本意ながら祀られているような朝鮮半島や台湾出身の人たちもいるわけですよね。もちろんキリスト者もそうでしょうし、そういうことを一切無視して、英霊として祀っている。そのことのもつ意味はほとんど伝わっていないし、よく言う当たり前とか、他の国もやっていることがなぜ日本だけこんなに批判されないといけないのかという直感的な反発みたいなのにつながっていますよね。

高橋　アーリントン墓地との比較は、安倍氏がこの間ずっと言ってきたことです。あれはアメリカのケヴィン・ドークという人の議論に飛びついたんです。[※1]

ドーク氏は日本浪漫派などの研究をしている日本研究者ですが、「日本の首相が靖国神社に参拝しても何の問題もないどころか、どんどん参拝すべきだ」と言うわけですよ（笑）。国立アーリントン墓地にアメリカ大統領が行っても何の問題もないし、日本の首相だって行っている。もしA級戦犯が合祀されている靖国神社に首脳が参拝すると、A級戦犯の歴史観を認めたことになり、日本の戦争責任を否認することになるというのであれば、アーリントン墓地を訪問する場合には同じような問題が生ずるはずだ。なぜなら、アーリントン墓地には南北戦争の戦死者がまず葬られたので、そこには南軍の兵士もたくさん葬られている。南軍の兵士は奴隷制を維持する大義のために戦って死んだのだから、もしも生前に彼らが奉じていた大義のゆえに、そこに訪問したらそれを肯定することになるというのであれば、アメリカ大統領はアーリントン墓地を表敬訪問したら奴隷制の維持をも認めたことになる。しかし、そんなことにはならないから誰も問題にしない、というのがドーク氏の意見です。

ドーク氏によれば、生前に兵士たちが戦いの中で殉じた大義と、彼らが亡くなってからの魂の慰霊とは全然別問題である。A級戦犯は日本の戦争の大義のために殉じたとしても、死んだらそれは関係ない。アーリントン墓地が南北関係なくやっているのと同じだから、靖国に参拝すべきだし、もっと頻繁に参拝しても日本は軍国主義にならないだろうから、毎月のように参拝すべきだとまで言っています（笑）。安倍氏はそれに飛びついたんですね。

でも、これは明らかに違う。一番重要な違いは、アーリントン墓地は「奴隷制の維持が正しかった」などと言って、社会や世界にアピールしてはいない。でも、靖国神社には二つの使命がある。一つは英霊の慰霊顕彰であり、もう一つは、日本軍の戦争は自存自衛のための戦争であって、アジア解放につながった戦争だとアピールすることで、そのために遊就館で歴史展示をしているわけです。

九条は新しい平和の可能性

岡野　日本が普通の国ではないというメッセージがすごく浸透している気がします。中国にしろ、韓国にしろ、みんな軍隊をもっていて、日本だけが牙を抜かれたままである、去勢されたままであるという感覚ですね。

高橋　ジェンダー化された戦争観、平和観が、まさに今の言葉に表れていますね。

岡野　それこそラカンの精神分析からすると、去勢されていないと文明人になれないそうですから、嫌な言い方かもしれないですが、「去勢」されている日本は非常に文明化された国で、むしろ暴力が支配していたような野蛮な世界から抜け出せる可能性……。

高橋　手掛かりを得たということですね。

岡野　軍隊によらない平和という、新しい平和の可能性でもあるはずです。平和と暴力とは本来相いれないものなのに、暴力によって平和を維持するというパラドックスの中で、国家はずっと生きながらえてきた。それは非常にいびつなかたちの平和だったわけで、そこから抜け出せるチャンスがあった……、「あった」と過去形にしてはいけませんが（笑）。でも、チャンスは何度もあったはずなんですよね。

高橋　敗戦という惨憺たる出来事の中で、たまたま日本人が手にしたチャンスです。敗戦の結果、転がり込んだチャンスなので、残念ながら、これは日本人が引き寄せたとは言えない。でも、そのチャンスを生かすために、それを実現するために、難しいけれども、それを守っていく。まずはそれを維持しなければ、実現できない。

ただ、私は憲法九条を世界遺産にしようとか、ノーベル平和賞に推薦しようというのには違和感があるのですが、岡野さんはどうですか。

岡野　私のところにもノーベル平和賞の推薦者になってくれという話が来ましたが、ノーベル平和賞の推薦人は教授じゃないといけないので紹介してくれと言われた段階で、ノーベル平和賞に推薦するのに資格がいるというのが嫌でやめたんですよ。資格がいるって何なんだと。

高橋　憲法九条そのものならまだしも、ノーベル賞の授賞対象は人間でなければいけないので九条を守ってきた日本国民にという話ですが、私はそれを聞いて推薦人にはなれないと思いました。もちろん、九条を六十数年守ってきたこと、これはこのままいけば市民革命に値するかもしれないとポジティブな意味をそこに見いだしもします。でも、一つは日米安保条約との絡みで、憲法九条を日本国民は何と引き替えに守ってきたのか、なぜ憲法九条を変えないできたのかということがあります。もう一つは沖縄の存在が大きくて、これを考えたときに難しいなあと……。ただし、まずありえないと思うけれども、仮にノーベル賞委員会が憲法九条を六十数年間維持することを欲してきた日本国民に平和賞を与えるという決定をしたら、安倍政権にとっては大ダメージでしょうね（笑）。

岡野　象徴的な意味としては、それはそうですね。

2　戦争と天皇制

戦死者の別の記憶

岡野　私は数年前、軍都広島から平和の都市広島になったことを実感しようという趣旨で、学生たちと呉市にある呉市海事歴史科学館（大和ミュージアム）を見学して、そのあと、江田島に泊まりました。

高橋　海軍兵学校があったところですね。

岡野　ええ、そうです。戦後、海軍は廃止されて海上自衛隊になりましたが、今は海軍兵学校跡地が海上自衛隊第一術科学校になっていて、そこも見学してきました。江田島クラブで現在の海上自衛隊の活動についての紹介があり、それから、教育参考館という施設で旧海軍時代からの史料を見てきました。

特攻隊員の遺品に、これから出撃するという若者たちの遺した寄せ書きがありました。それをよく見ると、「死ぬなよ」と書いてあったり、ひょうきんな言葉もあったりして、誰もが喜んで特攻に行ったのではないことが何となく伝わってきました。

高橋　そうした展示は珍しいですね。

岡野　そのなかで衝撃的だったのは、どうしてああいうかたちで遺品が残っていたのかわからないのですが、特攻隊員が出撃する直前までもっていた所持品として、小さなキューピー人形があったんです。死ぬとわかっているなかでそれを大事にもっていたわけです。それを見たときに、学生たちと「すごいものを見たね」と語りあいました。

そうした展示からも、特攻隊員たちもいろいろな思いを抱えていて、複雑な感情があっただろうことが見えてきました。特攻隊員が大事にしていたキューピー人形を見て、ほほえましいのだけれども、同時にものすごく残酷な気がしました。靖国の遊就館ではなかなか感じられないかもしれませんが、軍国主義的な場所であっても洩れてくる、別のかたちの記憶のようなものを感じました。かたや遊就館は、兵士たちにもいろいろな思いがあったのに、それを切り取って狭いストーリーのなかにはめ込んでしまう。戦争のむごさには、そうしたいろいろな人たちのいろいろな思いも国が略奪するところでしょう。違う記憶を語れなくしてしまう。けれども、いろいろなところからそうした思いが洩れてきます。

鹿児島県知覧町に、出撃する特攻隊員たちを見送りつづけた鳥濱トメさんという方がやっていた食堂が、いま、ホタル館富屋食堂として復元されていて、私設のミュージアムになっています。そこに特攻隊で出撃していった若者たちの言葉が残されていて、それを読むと、彼らもさまざまな思いを抱えていたことがわかります。[※3]

高橋　高倉健主演で映画化された有名なエピソードですね（『ホタル』降旗康男監督、二〇〇一年公開）。

それも、物語の作り方によって異なる印象や効果を人々に与えるでしょう。

私も知覧の特攻隊の記念館は、じっくり見たことがあります。遺書を読むと胸にせまるものがありました。遊就館に展示されているものも胸は痛みます。ただ、それが、国のために命を捨てることがいかに美しい尊いことかという物語に収れんされていくのはいただけない。

遊就館に外国人と一緒に行くと、彼らがいちばん驚くのは花嫁人形です。若くして戦死した英霊に対して、こういう思いをさせてあげられなかったということで、花嫁人形が飾ってあるわけですね。「ふつうの日本人」の感性だと、グッとくるでしょうね。そこには戦争におけるジェンダーの問題がある。

靖国の母

岡野　遊就館には、母親を前面に出す展示もあって、外にも母親像がありましたね。

高橋　靖国にとって母親はとりわけ重要な存在で、靖国の母という特権的なイメージにつながっています。一九三〇年代から四〇年代にかけて、特に満州事変以降は、当時の『主婦の友』などの女性雑誌で毎号のように靖国神社の英霊に関する記事が出てくるのです。

私の小著（『靖国問題』ちくま新書）に引用した「母一人子一人の愛児を御国に捧げた誉れの母の感涙座談会」も、『主婦の友』一九三九年六月号に掲載されたものです。日中戦争の初期に戦死した将兵たちを合祀する靖国神社臨時大祭に、北陸から上京して参列した遺族の老母たちの会話の記録です。

彼女たちの発言を引いておきましょう。

「靖国さまへお詣りできて、お天子様を拝ましてもろうて、自分はもう、何も思い残すことはありません。今日が日に死んでも満足ですね。笑って死ねます」。

「お国のために死んで、天子様にほめていただいとると思うと、何もかも忘れるほどうれしゅうて元気が出ますあんばいどすわな」。

「間に合わん子を、よう間に合わしてつかあさって、お礼を申します」。

靖国問題を考えるときに、母の存在が非常に大きい。靖国思想と靖国信仰を考えるときに女性抜きに考えることはできない。お腹を痛めて生んだわが子を戦死させたことを母親に納得させられるかどうかは、戦争をする国家にとって重要な問題です。ギリシア悲劇の『アンティゴネー』（ソフォクレス）にも通じる問題です。アンティゴネーの場合は母子の関係ではなく、妹と兄の関係ですが。

岡野　国に反対する論理や倫理をまず出してくるのは女性の側ですからね。男性が決めた法とは違う論理によって対抗されるのは、国にとっていちばん怖いものでしょう。ジェンダー規範を強化して、女性たちが国家の論理とは違う論理で家族をつくらないように、いかに家族を国家の規範に沿わせて、国家のために役立つ国民をつくるかというのは、国家にとって大きな問題ですよね。

高橋　岡野さんが特攻隊員の例で話されたように、靖国の母も誰もがみな、わが子がお国のために死んでくれて誇りだと思ったかどうかは怪しいところだと思います。戦死者遺族のなかには最後まで割り切れない思いを抱いていた人たちもいくらでもいたはずなのですが、建前としてそれは語れない時代だった。

岡野　靖国の母といわれてきた人たちへの対応が戦後、ガラッと変わりました。遺族年金も一回停止されています。それまで「靖国の母」とほめたたえられてきた彼女たちが、今度は白い目で見られるようになったわけです。その時彼女たちが感じたろう裏切られたような思い、その後、日本遺族会ができて（一九五三年に財団法人として認可）、これだけつらい悲しい思いをしたのだから国が遺族年金を払って生活を支えてくれるのは当然だという声になって、遺族会で活躍していくということがありました。天皇や首相も靖国に参拝してほしいというのは、今、高橋さんが言われた靖国の母の、つくられた伝統に頼らざるを得ない、そうした生活苦にあえいでいたお母さんたちが戦後いたわけです。

高橋　日本遺族会は、もともとは家族を戦争で失った人たちの相互扶助を目的とした団体で、発足当初は戦争反対の立場でしたね。ところがA級戦犯だった賀屋興宣[※4]が会長になってから、国との結びつきが強くなり、遺族年金等によって囲い込まれていきます。

兵士の死を意味づけるもの

岡野　これは結局天皇制に結びついていくんだと思います。自民党の改憲草案では、天皇を単なる象徴ではなく、国家元首として規定し直そうとしています。このことと、憲法九条改悪は連動していて、なんのために死ぬのかという意味付けのために天皇を持ち出す。何を考えて彼らが天皇を活用しようとしているのかと考えると恐ろしいものがあります。

高橋　今の若い人にとって天皇はどういう意味をもっているのか、いろいろな角度からの分析が必要でしょうけれども、自衛隊員であるとか国防軍兵士という立場に立ったときに、内閣総理大臣のために死にたいと思う人はたぶんいないでしょうから、天皇が「我が国の元首」であり、それを戴いてきたところに日本の「長い歴史と固有の文化」がある、ということにされれば、そのために死ぬ方が兵士の士気を高める意味はもちうるでしょうね。

岡野　安倍氏も著書『美しい国へ』で、9・11の話をする中で、アメリカは伝統をもたない若い国だ。対照的に日本は、一二五代の天皇を戴いてきた長い伝統のある国だ、と言っています。大統領でも首相でも選挙で選ばれた人がつく公的な役割です。ところが天皇は人民の意志で選ばれているわけではない。誰も選んでいないし、本人の意志ですらない場合もあって、その意味ではあたかも運命のようです。連綿と続いてきた日本の一本の筋のように思い描かれる。そうだとすると、私たちは日本国民である限り、そこから逃れられないように思わされてしまう。

高橋　一木一草にも天皇制ありといわれたゆえんですね。

岡野　そこに私たちの総意をもとづかせるという改憲案の考え方は、ある意味で政治を越えた、それこそ人知を超えた、まさに神の国としての日本がイメージされているのだと思います。その彼らの抱くイメージのなかに、国民の意志や営みを収れんさせていく。意志や営みだけでなく死も意味づけられていく。単なる戦前回帰ではないとはいえ、そうした意図をもっていることは明らかです。

天皇イメージと天皇制

高橋　現在の天皇には戦争の体験はほとんどない。戦後憲法のもとで育って、どうやら個人的には九条も含めて日本国憲法を尊重しているようで、即位のときに「国民と共に日本国憲法を守り、国運の一層の進展と世界平和、人類の福祉の増進を切に希望して止みません」と言ったり（憲法九九条に照らすと違和感がありますが……）、八〇歳の誕生日を前にした記者会見（二〇一三年一二月一八日）で、「八〇年の道のりを振り返って特に印象に残っている出来事」は何かと質問されて、次のような話をしています。

「戦後、連合国軍の占領下にあった日本は、平和と民主主義を、守るべき大切なものとして、日本国憲法を作り、様々な改革を行って、今日の日本を築きました。戦争で荒廃した国土を立て直し、かつ、改善していくために当時の我が国の人々の払った努力に対し、深い感謝の気持ちを抱いています。」

これを見ると、明らかに現憲法に思い入れをもっている。「主権回復の日」の式典で、誰かが「天皇陛下万歳」と叫んで安倍首相まで唱和しましたが、あの時に天皇と皇后はちょっとこわばった表情をしていましたね。

「私自身としては、桓武天皇の生母が百済の武寧王の子孫であると、続日本紀に記されていることに、韓国とのゆかりを感じています」（二〇〇一年一二月誕生日会見）と述べたり、また二〇〇四年秋の園遊会で、当時の東京都教育委員だった米長邦雄に「日本中の学校で国旗を掲げ、国歌を斉唱させることが私の仕事でございます」と話しかけられた際、「やはり、強制になるということではないことが望ましい」と応じたこともありました（二〇〇四年一〇月二九日付朝日新聞）。こうしてみると個人的にはリベラルな人だなという印象を与えている。おそらく、今の流れに一定の憂慮をもっているのではないかと想像されます。

ただ、現天皇の個人としての意見がどうであれ、私は天皇制を支持することはできません。現行憲法の定める象徴天皇制でもなくした方がいい、日本は共和制にした方がいいと思っています。この点についても私は改憲派です。今の日本の世論でいえば約一割くらいしか賛成する人がいないかもしれませんが、これは言い続けたい。

岡野　美智子皇后が五日市憲法について高く評価していました〔二〇一三年一〇月二〇日、七九歳の誕生日に際して、宮内記者会での質問への回答。〕。そのなかで、基本的人権や言論の自由が大切であることを指摘しています。おそらく、天皇も同意見なのだろうと思います。現行憲法によって自分たちが平和国家日本の象徴として生きながらえているということですから、現行憲法への愛着も切実なものだろうと思います。最近の政治家よりもリベラルではないかと感じます。

ただそうは言っても、戦後、象徴天皇制になって、「象徴」という言葉が日本国民に与えた影響というものもあるように思います。現人神ではなく日本国民の統合の象徴となったことで、むしろ国民に身近な存在となった。これはすでにいろいろな方がジェンダー研究で議論していますが、幸せな家族のモデル、幸せな夫婦が子どもや孫に囲まれているというイメージが日本の家族観に与えた影響は大きい。美智子皇后と当時の皇太子との婚約が発表されたときはミッチー・ブームが起こりましたし、現在の雅子皇太子妃のときもそうでした。

雅子妃の場合はキャリア（ハーバード大卒、外務官僚）のある女性でも天皇家に入って皇太子の妻としての役割を果たしていくということが期待されました。しかし、キャリアを積んできた雅子妃は象徴天皇制のもっている家族イメージ、一夫一婦制で、女性は一歩下がって男性のあとにつくという役割からはみ出すように思われたのでしょう。その後に起こったバッシングのなかで、ほんとうに人権侵害にあたるようなバッシング報道もなされて、雅子妃は適応障害になりました。おそらくかなり重い精神的な病気を抱えてしまっているとみられています。

これも象徴であるがゆえに発せられるイメージに、天皇家のメンバーですらふりまわされた事例です。日本の天皇制というシステムにとって、特にマスメディアのはたらきは大きなものがあります。マスメディアがつねに流す女性に対する規範や幸福な家族像というもの、それに対して、象徴天皇制という制度のもつ影響力は大きいと思います。

天皇制はどう考えても、現行憲法の基本的人権に基づいた制度のなかで整合性がない。憲法の

第一章に象徴天皇の規定があって、しかも天皇は完全に世襲の地位で、男系男子のみで女子の即位は認めない。私たちはそうした本来なら異様と言わざるを得ない事態をことあるごとに報道によってつきつけられていて、その影響は大きい。それを支えているのが象徴天皇制で、これは現行憲法の精神のなかではいびつなものですね。

天皇の戦争責任

岡野　もう一つ、昭和天皇が戦争責任をとらなかったことの重みを引きずっているということです。丸山眞男以来、ずっと言われている「無責任の体系」の問題。今は代替わりもしたため、さらに難しくなってしまいましたが、やはり制度としての責任を明確にできなかったことの重みがあると感じています。「慰安婦」の問題に出会ってから、天皇制の問題はとても大きなものだと感じています。

高橋　天皇の戦争責任の問題は、ゆずれないところです。昭和天皇は亡くなってしまったのだから、亡くなった人の責任を言っていても仕方がないという意見もありますが、昭和天皇の戦争責任については今でもタブーです。リベラルと言われる現在の明仁天皇が、天皇の戦争責任について明確に述べるということがあればいいのですが、象徴天皇制はそれができないシステムになっている。それを明確にできないことが戦後日本社会のあらゆるレベルで、戦争と植民地支配に対する反省が十分でなかったことにつながっていると思います。

昭和天皇にどのように戦争責任があるのかという議論はここでは詳しくはしませんが、大日本帝国の軍隊は天皇の軍隊で、天皇が大元帥という最高司令官だったわけですから、その天皇の軍隊による戦争について、天皇にまったく責任がないということはありえないわけです。

戦後の昭和天皇の発言でこれも決して忘れられないのは、一九七五年の記者会見でのことです。この年、初めて訪米した天皇は帰国後、記者会見に応じました。その時、外国紙の記者から「陛下は、いわゆる戦争責任について、どのようにお考えになっておられますか」という質問が出ました。この質問が天皇自身に戦争責任を問うた最初にして最後の質問でした。それに昭和天皇はなんと応えたか。

「そういう言葉のアヤについては、私はそういう文学方面はあまり研究もしてないので、よくわかりませんから、そういう問題についてはお答えができかねます。」

アジア二千万人の死者、日本だけでも三百万人を超える死者が昭和天皇の名で死に追いやられたというのに、「言葉のアヤ」とはどういうことか。この発言は許せないという表現では足りない。天が割れ地が裂けるような天変地異が起きてもおかしくないくらいの発言だと思うのです。こんなことがまかり通る国というのは、世界史上の七不思議の一つでしょう。

しかし、当時の新聞を見ると、どの新聞もこの発言を大きな見出しで大々的に取り上げてはいません。各紙とも、とてもなごやかな会見で、テレビ番組は何を見るかと質問されて、「放送会社の競争がはなはだ激しいので、いま、どういう番組を見ているかということには答えられません」と言って笑いが広がったとか、そんなことを前面に出して報じていたのです。

さすがに見出しにしたのは、広島・長崎への原爆投下についてのやりとりでした。

「原子爆弾が投下されたことに対しては遺憾には思ってますが、こういう戦争中であることですから、どうも、広島市民に対しては気の毒であるが、やむを得ないことと私は思ってます。」

日本の司法は戦争被害については受忍論という立場をとってきましたが、それに天皇がお墨付きを与えたようなものです。これについては被爆者団体等の「納得できない」というコメントを報じていました。しかし、「言葉のアヤ」についてはは批判があっていいはずなのに、ほとんど論じられなかった。

ただ、朝日新聞の俳句・短歌の投稿欄に、「ことばの〝あや〟の仰せをいかに聞き給う　水漬く屍は草むす屍は」という歌が掲載されました。[※5]

まさに無責任そのもので通してきてしまった。軍の最高司令官であった天皇、統治権者であった天皇、開戦の詔勅を出した天皇自身が責任を回避しているのであれば、臣民が責任をとろうとしないのも正当化されてしまう。こういうかたちで、結局誰も責任をとらないなかで、東京裁判でA級戦犯が処刑されました。そして、天皇の戦争責任について徹底的に批判するのはタブーのまま、なんとなく象徴天皇ということで現在に至ってしまったのだと思います。

戦後の昭和天皇のスタンスは戦後レジーム肯定です。つまり、かつての責任は問われずに、象徴というかたちになったとはいえその地位にとどまって、かつ日米安保体制で天皇の軍隊がなくなった穴が埋まった。これでよかったのだ、実際、経済成長を達成し経済大国になったじゃないか、と。この戦後レジームを否定するような動きはよろしくないというのが昭和天皇のスタンスだと思います。だから、A級戦犯が合祀された後、靖国神社参拝をやめたのでしょう。これについては側近の証言がいくつも出てきているのでまず間違いない。このようにしてつくられたのが「戦後」だということです。

天皇が、現実の世界の政治や戦争に実際に関わり、そこに決定的な影響を及ぼしていたにもかかわらず、その天皇の名で現実に膨大な数の人が亡くなったにもかかわらず、責任を超越したかたちでずっと象徴として存在していた。

特権を肯定する制度

高橋　東日本大震災の時、当時の菅直人首相が福島に行ったときに被災者から罵声をあびせられました。同じ被災者たちのところに天皇・皇后が行くと涙を流して喜ぶ。天皇制とはそういう機能をもっている。

岡野　震災の後、天皇と皇后が被災地を慰問するのを、私の知り合いで七五歳以上の方は、見ていて気分が悪いと言います。戦争のあと、昭和天皇が戦災のあった各地を巡幸しました。国民が悲嘆にくれているところにあの人たちがあらわれて、ありがたがらないといけないのか、と言うのです。そういう気持ちの人は他にも必ずいるはずです。それなのに、そういう声は切り捨てて、ありがたがる人たちだけをフレームアップして報道する。

国民はすべて平等であるはずのものが、ありがたいと思わせられる、その構図は明らかに生まれが違う人がこの国に存在していることを許容し続けているということを示しています。国民は法の下にすべて平等であるというのは、憲法に定められたことであるのに、天皇だけは憲法のなかに収まりきらない、そういう制度をもちつづけている。もちろん憲法に書かれているので、私たちはそれを選んだことにされているわけです。ですから、今の憲法の精神をほんとうに守っていこうとするなら、あらためて憲法を選び直すということが必要になってくるし、必要なことだと思います。ただ、それはとてもハードルが高い。

高橋　叙勲、文化勲章といった栄誉のシステムにからめとられているために、憲法学者や護憲派の知識人であっても天皇制の否定までは言わない人が多い。労働運動や護憲運動のなかでもそうです。私は基本的に「天皇」「皇后」、あるいは「明仁天皇」「美智子皇后」と言います。これは「安倍首相」とか「小泉首相」と言うときと同じ言い方です。決して「天皇陛下」とは言わないことを原則にしています。岡野さんが言ったように、現憲法の人類普遍の原理にもとづけば人間は平等であるはずなのに、マスメディアをはじめ「天皇陛下」とみんな言ってしまう。

天皇家はこれまでの歴史からして、仮に憲法上の特権的な地位をもたなくなって、民間の家の一つになったとしても、これを復権させて政治的に利用しようという勢力はずっと残り続けるでしょう。だから、そういう可能性をもった存在としてつねに警戒しなければならないけれども、特殊な歴史をもった一つの家になってもらって、その上で、皇室のメンバーにも選挙権・被選挙権を認めていくべきでしょう。そうすると、皇室のメンバーが選挙に出て、人気を博して当選ということもあるかもしれません。ただ、憲法の原則としてはそうあるべきでしょう。

岡野　憲法論のなかで、高橋さんや私の言っているような意味で、天皇制そのものが憲法のなかで合わないという議論はほとんど目にしません。憲法論では、天皇家のメンバーの人権が侵害されていて、天皇家のメンバーには職業選択の自由もないし言論の自由もないということを指摘するかたちで天皇制そのもののいびつさを議論しようとしているようです。天皇制の存在自体が憲法の三大原理に反しているという議論を憲法論のなかですることが難しいのだとしたら、憲法第一条の批判は憲法論のなかでタブー視されてきたと言えるのではないか。

ただ、今の憲法のなかで天皇制というのはおかしいと思いつつも、天皇制は日本がかつて戦争で大きな被害を出したことをつねに思い出させてくれる装置として機能するんじゃないかと言ったら一笑に付されましたけれども。

日本の天皇制についての議論のなかで、八〇年代のニュー・アカデミズムがさかんだったころの天皇論に、空虚な中心としての天皇というものがありましたよね。

高橋　ロラン・バルト『表徴の帝国』が引き合いに出されたりしましたね。

岡野　空虚だからなんでも放り込めるものとしての中心、天皇制をこうしたあいまいなものとしておく。あの議論も天皇制という、憲法の仕組みのなかに収まりきれないものを考えようとしたときの難しさをあらわしていたのかもしれませんね。

天皇なきナショナリズム

高橋　もちろん天皇制がなくなって共和制になったからといって、それで民主主義が安泰だとは言えません。共和制と戦争をする国は何にも矛盾しないわけですし、天皇なきナショナリズムもしばらく前から出てきました。最近では、石原慎太郎氏が『文学界』二〇一四年三月号のインタビュー（聞き手・中森明夫）で、「いや、皇室にはあまり興味はないね。僕、国歌歌わないもん」と言っています。石原都知事時代の二〇〇三年に東京都教育委員会が一〇・二三通達を出して、国歌を歌わない、国歌斉唱のときに起立しない教員を都はたくさん処分してきました。その責任者であった当時の都知事が「僕、国歌歌わないもん」とはあきれた話です。

石原氏は同じ記事のなかで皇室についても発言しています。皇居に向かってお辞儀しろと父親に言われて、「姿も見えないのに遠くからみんなお辞儀する。バカじゃないか」と思ったというのです。利用するときは利用して、実は心のなかでは小馬鹿にしている。

ファシズムとかナチズムの例を見ると、天皇のようなものがなくてもああいう恐怖政治が成立しうる。だから、これまでの歴史を見る限り、天皇制が日本の諸悪の根源のように見える面もあるけれども、しかし共和制になったからといって危険なナショナリズムが高まる可能性はつねにある。こういうことは当然のことながら忘れてはいけないことだと思います。

岡野　石原氏は毎年、靖国参拝を欠かさないそうですが、天皇に参拝を求めたことがありました。天皇制を信奉する右翼の側からすると、天皇さえも参拝しないところに行ってはいけない、という議論もあるのですが、石原氏は聞く耳をもたないでしょう。

戦後、国民の間ではそれなりに天皇制を受け入れている地盤があるなかで、天皇制を批判すると攻撃が来るような状況になっている。だからなかなか発言もしにくいし、新聞などのインタビューを受けて、昭和天皇が戦争責任を果たしてこなかった大きな負債が私たち戦後世代のネックとなっているという話をしても、そこは新聞に掲載されない、カットされます。天皇制のところは載せられませんとはっきり言われます。

現天皇個人がいくらリベラルに見えても、天皇制を取り巻く日本の政治状況からは、明らかに表現の自由がなくなっている。

立憲主義とは個人の人権、個人の価値、個人の尊厳にもとづいて、それを実現するために国家は存在しているというのが大きな建前です。ところが、改憲派の論者は、国あってこその憲法だという言い方をします。あくまでも国の存続を前提にしています。天皇制がもっている政治的な含意の重要な一つは、一二五代続いてきたということ……。

高橋　それは神話ですよ（笑）。

岡野　そうですが（笑）、だから彼らはその神話をもとに、一二五代続いてきた天皇を戴く国を考えるわけです。つまり、ここには天皇制と日本国の存続を一致させようという強い意志がはたらいているわけです。

そこであらためて自民党改憲案の第一章を見てみると、まず、天皇の役割が象徴から元首に変わっていることが挙げられますが、もう一つ、現行憲法では日本国民統合の象徴であったのが、改憲案では「日本国の元首であり日本国及び日本国民統合の象徴」となっています。「日本国」という言葉を重ねています。ここに一二五代連綿と続く天皇制さえ維持していれば、この先制度が変わっても日本国が存続する。日本国を継承するのが憲法改正のねらいだと言っています。

高橋　「末永く子孫に継承するため、ここにこの憲法を制定する」とありますね。

岡野　特に新しく出てきた第一章で、いちばん恐ろしいと思うのは、どんなに体制が変わっても天皇制さえ維持していけば日本国は存続する、という発想。まさに国体護持です。そして、日本国を存続させるために私たち国民はさまざまな営みを行なう。ここに天皇制が日本にとって果たしている意味を再度上書きするかたちで今度の自民党改憲草案が出てきたと言えると思うんです。

3 憲法問題としての沖縄

天皇メッセージと沖縄

岡野　沖縄は、あれほどの悲惨な上陸戦があって、まさに天皇の名のもとに多くの人が死んだ、そのあとで、沖縄と日本国の関係をどうするか。上陸戦のあった沖縄の被害は、天皇にとっても、東京大空襲とか、広島・長崎の被爆とはまた違う意味をもっています。昭和天皇は当時、沖縄はアメリカにずっと占領させて、それこそ未来永劫統治してほしいと考えていた。沖縄には天皇制に反対する人もいるわけですから、むしろ天皇制を維持するためにも、アメリカが沖縄にいてほしいということをマッカーサーに言っていました。

つまり、沖縄が捨て石であったのは明らかです。当時の日本は、国体を維持するためにアメリカに沖縄を差し出した。

高橋　進藤栄一さんが発見した通称「寺崎メモ」[※6]、昭和天皇の沖縄メッセージと言われているものですね。進藤さんが米国公文書館にあったものを発見し、一九七九年に雑誌『世界』に発表しました（進藤栄一『分割された領土』岩波現代文庫、二〇〇二）。

これは一九四七年のことですから、すでに現行憲法が施行されていました。ですから、天皇には政治的・外交的発言をする権能はすでになかったのですが、まだ帝国憲法的な意識が残っていたのでしょうね。マッカーサー宛てにこういうメッセージを託した。それが一九五二年のサンフランシスコ講和条約第三条[※7]で沖縄及び南西諸島の施政権を米国に委ねるというかたちの日米両政府の合意になりました。講和条約に、どの程度天皇メッセージが役割を果たしたかは別として、天皇がそういう意思をもっていたことは間違いありません。

保守系の人々は、沖縄がアメリカに完全に併合されてしまう恐れがあるなかで、日本の潜在的主権を沖縄に認めていて、いずれは日本に取り戻すために、昭和天皇が非常な英知をもって出したメッセージだというような議論をしています。

しかし、はっきりしているのは、沖縄の人々の意思はそこにはまったく反映されず、これが米国の「利益」なり日本の「防衛」にもいいことなのだと、完全に日米両国の国益の観点から言っていることです。

岡野　豊下楢彦さんが、著書『昭和天皇・マッカーサー会見』（岩波現代文庫、二〇〇八）で問題にしているのは、戦後、サンフランシスコ条約が発効して日本の主権が回復する一九五二年までの占領期の間、天皇が何度も政治的発言をしていて、現行憲法の象徴天皇制が確立してもなお、天皇の政治的介入は続いていたということです。「天皇にとって、安保体制こそが戦後の「国体」として位置づけられた」（豊下、一二八頁）というのが、豊下さんがマッカーサー会見を読み解いた結論です。

豊下さんは、安保条約の成立過程をずっと研究されてきました。特に吉田茂（一八七八 - 一九六七。一九四六年から一九五四年まで五回にわたり首相を務めた。）の外交政策ですが、講和条約の交渉時にも総理大臣・吉田茂は、節目節目に昭和天皇のもとに内奏に赴いている（『安保条約の成立――吉田外交と天皇外交』岩波新書、一九九六）。豊下さんによれば、吉田は戦前の外務大臣が交渉の一切を報告しているようなかたちで内奏に赴いていて、「天皇は新憲法が施行され、「象徴天皇」になって以降も、事実上の「二重外交」に踏み込み、吉田に強い圧力を加えてまでも、「自発的なオファ」による米軍への無条件的な基地提供という方向に突き進んだ」（前掲『会見』、一七五頁）というふうに読み解いています。天皇がまさに国体維持のために米軍の沖縄駐留をオファーしていた証拠を一次史料で突きとめました。豊下さんは、「日本の政治の持つ病理は限りなく深く、日本の民主主義は救いがたく未成熟」だ（前掲『会見』、一二九頁）と述べています。

豊下さんのこの本は、沖縄問題と天皇制の問題が切っても切れない問題であることを私が学んだ一冊です。

異常な基地負担率

高橋　おっしゃるとおりだと思います。

天皇メッセージがどの程度影響したかははっきりしませんが、明らかなのは、サンフランシスコ条約第三条で、沖縄の施政権が米国に譲り渡されたということです。施政権というのは耳慣れない用語ですが、米国民政府という名前であるのに、事実上は米軍が沖縄を統治する。要するに米軍の最高司令官が民政府の長官をずっと務めて、軍政をしきました。「銃剣とブルドーザー」と言われますが、軍政下で沖縄の人の土地を奪って、むりやり基地を建設したということが、現在の沖縄の基地問題の発端です。私は『犠牲のシステム――福島・沖縄』（集英社新書）で、福島と沖縄を並べて論じましたが、戦争で入ってきて居座った米軍が暴力的に土地を奪って基地をつくったということは、もちろん福島との決定的な違いの一つで、そこを同じにはできません。

そのような状況のなかで、一九七二年に沖縄が日本にいわゆる「復帰」をしたわけですが、その時にもいろいろな論争があった。特に当時、復帰は日米安保条約下の日本にもう一度新しいかたちで併合されることなので、むしろ沖縄の主張、沖縄の声が、これから日本のなかで通っていくとは考えられない。さらに、国家の下に沖縄が復帰していくことそのものにも批判的な議論、「反復帰論」が出てきました。当時の中心人物、新川明さんや川満信一さんなどはいまも言論活動を続けていて、新しい状況のなかで反復帰論が見直されています。

しかし、大勢は日本国憲法下に復帰することで沖縄の現状を改善していこうという流れでした。復帰したら日本国憲法下に入るので米軍の支配下から脱することができると期待していましたが、そうならなかった。日本のさまざまなシステムが投入されて、民政上の改善はいろいろあったでしょう。沖縄の人たちは、復帰してよかったという方が多数であることは否定できません。しかし、米軍基地問題に関しては、復帰後沖縄の負担がどの程度減ったのかというと、絶対値としては減っていますが、日本「本土」との負担率の格差はむしろ増大した。つまり、不平等は拡大したということになります。

七二年当時、沖縄と「本土」との米軍基地負担率はほぼ一対一だった。これも異常な不平等なわけです。沖縄は全国の〇・六％の面積しかない、人口も一％しかいない、そこに五〇％の米軍基地が集中しているというのはやはり異常な不均衡です。このバランスがどうなったかというと、現在はよく知られているように、七四％が沖縄に集中している。かえって復帰後の方が負担率が高くなったのです。

先ほどの話に戻りますが、おそらく昭和天皇は、憲法九条の成立で、天皇制を守っていた、自分を守っていた自分の軍隊だった皇軍が解体され、復活する見込みはない、ではどうやって天皇制国家を守っていくのか、と。万世一系といわれ、一二四代続いてきた天皇制を自分のところで途絶させるわけにはいかない。戦争責任追及だけは免れた、これはよかった、しかし、丸裸にされてしまった。外敵が侵入するだけではなく、国内にも革命勢力が存在し、天皇制打倒を叫ぶ人たちもいるわけだから、それらから天皇制を守っていくためには、米軍に頼らざるを得ない。日米安保が戦後の国体だというのはそういうことです。二五年ないし五〇年、それ以上にわたってというわけですから、ようするに、半恒久的に米軍に沖縄にいてもらうということですね。

沖縄をスケープゴートにして初めて、憲法九条下の戦後日本が存在してきたことは、誰が見ても否定できないのではないでしょうか。憲法そのものが日米安保条約と一緒に始まっています。

憲法のほうが数年先ですが、ずっと日米安保とセットになってきたし、憲法よりも上位の規範であるかのように、つまり国体そのものであるかのように、日米安保体制が維持されてきた。在日米軍の存在は憲法違反ではないかという裁判が起こされても、一審では違憲判決が出ても最高裁で差戻しされる。これが砂川判決[※8]です。

岡野　集団的自衛権をそれで補強しようとしていましたね。

平和憲法の幻想

高橋　沖縄の犠牲は戦後をみただけでも、日本のなかでまったく特異な深い傷を沖縄に負わせてしまってきています。憲法九条のもとで日本は平和だったという言い方に、私は唱和できません。少なくともその日本に、沖縄は入っていない。沖縄は平和ではありませんでした。軍政下にあったときも、朝鮮戦争は戦火が止んだばかりで冷戦が強まっていく時代ですし、ベトナム戦争が始まりましたし、最近では湾岸戦争やイラク戦争のとき、アフガン攻撃のときにも沖縄から米軍が行っていますので、沖縄自体が常に戦争に巻き込まれてきています。

出発点においては、確かに日本国民の与り知らぬところで沖縄の米軍支配が始まった。天皇のメッセージにしても、サンフランシスコ講和条約にしても、当時日本国民の意思は、それほど反映されていませんでしたが、戦後六〇年以上、現在の憲法体制を維持してきた。同時にそれは日米安保体制を維持してきたことであり、安保改定の時には反対運動が盛んになって、岸政権を追いつめたとはいうものの、安保条約そのものは無傷で改定されて残っています。

一番重要なことは、日本国民の日米安保条約支持率が八割にも達していることです。内閣府の調査があって、朝日新聞や読売新聞の調査ともほぼ同じですが、七割以上で微増して推移してきたのがここへ来て八割にも達している。二〇一三年の朝日新聞の世論調査では八一％、今年は七九％でした。いずれにしても、圧倒的多数が日米安保条約を支持しています。では、沖縄の人はというと一％しかいませんから、沖縄の人が皆賛成しようが反対しようが、数の上ではほとんど影響はありません。

〇・六％の土地に七五％、四分の三の米軍基地が沖縄に押付けられている。これは差別ではないか、植民地支配が続いているのではないかという議論も強まっています。米軍の基地が置かれているわけですから、アメリカの植民地主義もありますが、それを認めているのは日本国政府であり、八割の圧倒的多数で日米安保を支持している日本国民だろうということです。そうすると私たちは、植民地宗主国の植民者の側にいる、そういうポジションに立っていることになります。

民主党の鳩山政権のときに、普天間基地を最低でも県外に移設する、「できれば国外、最低でも県外」と言いましたが、その場合の県外は「本土」ということになります。「本土」移設を追求しましたが、結局は挫折しました。そして名護市辺野古に移設するという日米合意に戻りました。沖縄県内に新しい基地をつくって、普天間飛行場の機能をそこに移す。普天間基地が仮に県外に移設されても、沖縄の負担率は数％減るだけで七〇％台は変わりないのですが。最も危険な基地をもう沖縄には置けないということで、辺野古への移設が進まずにずっときていました。

鳩山首相が一時は掲げた県外移設は、沖縄ではこの間大きな民意でした。私自身は野村浩也さん〔広島修道大学教授〕という社会学者の『無意識の植民地主義——日本人の米軍基地と沖縄人』（御茶の水書房、二〇〇五）、知念ウシさんの『シランフーナー（知らんふり）の暴力——知念ウシ政治発言集』（未来社、二〇一三）など、この二人から学んだことが大きいのですが、県外移設が少なくとも昨年（二〇一三年）まではオール沖縄の民意といってもいいくらいのものになっていた。自民党が勝った総選挙（二〇一二年一二月一六日）でも、候補者は県外移設を主張しないと当選できませんでした。自民党議員が皆、県外移設を公約にした。仲井眞弘多知事も県外移設を公約して当選した。ところが昨年（二〇一三年）暮れの流れのなかで、自民党本部のものすごい圧力と安倍政権の働きかけによって、自民党議員がみな県内移設、辺野古容認に変えさせられてしまった。仲井眞知事も辺野古埋め立てを認めたことで、いま沖縄ではたいへんな状況になっています。

県外移設という要求、「本土」移設という要求に向き合わなければならないと私は思うようになりました。ひとつは憲法上の問題でもあると思います。本土にもある在日米軍基地の存在が憲法九条、あるいは平和的生存権との関係で、はたして合憲なのかという問題。それだけではなくて、法の下の平等で沖縄県民を含めて全国民が本来平等であるべきところ、基地の負担率では、〇・六%の土地に七五%が集中させられている。しかも沖縄の人たちの民意に反して、圧倒的多数の本土の民意によってそうなっている。これは憲法の問題ではないのでしょうか。

主権の及ばない領域

岡野　私はこれまで沖縄についてはそれほど考えたことがなかったのですが、沖縄国際大学に米軍のヘリが墜落した事故（二〇〇四年八月一三日）の、わりとすぐ後に沖縄の人たちに呼ばれて、男女共同参画関係の話をしに行きました。墜落事故では幸い被害者は出ませんでしたが、その時にはまだ、沖縄国際大学にテープが張ってあって、写真を撮ったり近くを歩いたりすると、警備員にやめるよう言われたりして、ある意味厳戒態勢になっていました。まったく沖縄の人たちが入れない状況だった。軍事機密だからと、米兵たちが排除するんです。報道陣も入れない。その時、私が実感したのは、ここはやはり日本国の主権外だということでした。米軍基地だけではない沖縄全体が、米軍の統治のもとにある、米軍がここは入るなと言ったら入れない、そういう土地なのだということを実感しましたし、それは衝撃的でした。

そのあと、米軍基地の近くまで行きました。基地に近づいたとき、ここからは入れないというサインを見ないで入って写真を撮ったら、最初は日本人の迷彩服を着た警備員が来て、「いま撮ったのはなんだ、写真をよこせ」と言ったので、「景色を撮っただけです」と言ったら、こんどは米兵が来て、カメラのメモリーを全部消せと、ここは米軍基地内なのだから、お前たちは国境を越えて入ってきたんだ、違法行為をしていると言われて、屈強な米兵の前でカメラのデータを全部消させられたときに、ちょっと震えました。

私たちは、国内にいるはずなのに、日本の法が及ばないところにいる。そして、銃器をもった米兵に尋問されているときのなんとも不安定な感じ、私は何によって守られていて何者なのか、というぐらいの不安を感じたときに、沖縄は基地だけではなく、まさに沖縄全体が主権、自らの法を決め自ら法の下に生きるという、国民としての生き方をやはり奪われている、ということを実感しました。その時初めて沖縄問題というのが単なる基地問題ではなく、非常に深刻な、主権国家の領土のなかに主権が及ばない地域があることの問題を実感しました。

憲法下で、まさに沖縄の人たちが差別問題と言っていることを、立憲主義で考えるとどう考えられるか。いま沖縄の人たちが置かれた状況を、日本政府は経済支援として沖縄にたくさんのお金、名護市長選（二〇一四年一月一九日投開票）でも、石破茂・自民党幹事長（当時）が、振興基金として数百億円もの金をちらつかせて、札束で沖縄の人たちの安全に生きる権利を買おうとしたわけですが、そもそも憲法の精神である立憲主義で語られている基本的人権、人の権利とは、権利どうしをバーター（交換）して、例えば、表現の自由を制限するが、福祉権を余分に与えるといった、権利の交換はそもそもできない。一つひとつが侵し得ない権利なわけです。

日本国憲法で特徴的な平和的生存権を、つまり平和的に生存する権利をすべての国民に国が保障しないといけない。にもかかわらず沖縄の人たちは、米軍が来て黄色いテープを張られて、ここはアメリカの軍事上の機密にかかわるので入るなと言われたら入れないという事態がいつ起こるかもしれない危険な状況にあります。沖縄の人たちは平和的生存権を完全に侵害された状況であって、移動の自由も奪われていますし、さまざまな権利が奪われているのを経済的な振興の金でバーターされているというのは、明らかに憲法の精神でいう法の下の平等に反していると言えます。

確かに、憲法問題を考えるなかで沖縄の問題はなかなか視野に入ってきていない。ところが実際には、最初の天皇制の問題や、そもそもの日本の憲法ができてきたことが日米安保と完全にセットになって戦後の日本ができている。沖縄タイムスの元記者の前泊博盛さんが『本当は憲法より大切な「日米地位協定入門」』（創元社、二〇一三）ではっきりと言っていますが、国体が憲法の上にあるかの如く、まさに日米地位協定は日本国憲法で保障されているさまざまな法体系の上にあるか、先にあるか、日本国全体のさまざまな権利を拘束できるようなかたちで日米地位協定が作用している、と。

それが、私のように政治思想研究をやっているとなかなかそこまで目が届いていなかったのですが、前泊さんの本を読んで驚愕しました。日本の国の基盤がどこにあるかということが非常によくわかる。

高橋　それを認めているのは日本政府ですし、日本国民ですね。

九条を守るだけでは解決しない

岡野　おそらくそれが、知念さんの言う「シランフーナー（知らんふり）の暴力」であり、それを支えているのは主権者であるわたしたちです。大田昌秀さん（元沖縄県知事）も講演で、この国は本当に主権国家なのか、とはっきり言っていました。誰がこの沖縄の状態を決めているのか。

日米安保を国民の八〇％が支持しているということにもかかわってくると思います。一方では、よく改憲派がいうことですが、日米安保条約を本当になくして日本は自分たちで軍隊をもつのか、安保条約があるから日本は軍隊をもたずにすんできた、安保条約があったからこそ平和が維持されてきた、という言い方をします。しかし、本当に九条の精神を活かして、軍事力によらない平和を築こうとすれば、いまの憲法下で安保条約の見直しをする、米軍基地も砂川事件の一審での判決で出たように、これは軍隊にあたるので九条に反しているのだから、九条に合わせるよういまの政治の変更を求めていくべきだと私は思うのです。ところが日米安保に関する八〇％の世論に表れているように、沖縄や基地を抱えた人たち以外の、わたしたちの平和感覚に安保条約のもっている力が大きな影響を与えてきている。アメリカに守ってもらっている感というのは、実はあるのではないかと思います。

高橋　そういうことです。憲法の原則、権利の平等というところでは、実は大田昌秀知事のころ、安保を続けるのであれば本土も応分に負担すべきだということを言っていました。不平等に対する批判なんですが、それが本当に大きな声になったのは、民主党・鳩山政権時に、首相自身がそれをやろうとして、大きな壁にぶつかって果たせなかったことがあってからです。

端的にいって、基地は日本人が欲しているものだから日本に持って帰ってくれという議論に

沖縄タイムス　2014年（平成26年）4月27日日曜日　1版　総合6

新基地　本土の姿勢問う

シンポ「沖縄の問いにどう応えるか」

大江健三郎氏　ノーベル賞作家

憲法守り続けよう

我部政明氏　琉球大教授

当事者意識持って

ガバン・マコーマック氏　豪大名誉教授

沖縄側に正義ある

「沖縄タイムス」2014年4月27日付

対して、私たちはどう応えるのか。少なくとも憲法を守る、九条を守るというだけではダメです。なぜなら、ずっと九条は維持されてきた。九条が守られてきたなかで、ずっと沖縄の犠牲が続いてきたわけですから、それだけではダメなのです。

沖縄タイムスの記事（二〇一四年四月二七日付）に、二〇一四年四月二六日に法政大学であったシンポジウム「沖縄の問いにどう応えるか」での、大江健三郎さん、我部政明さん（琉球大教授）、ガバン・マコーマックさん（豪大名誉教授）の三人の発言が掲載されています。これは実は、普天間基地の県内移設、辺野古への移設に反対する署名がきっかけになって行なわれたシンポジウムで、私も署名者の一人でした。

ただ、ここで、県外移設がまったく語られなかったことに私は違和感があるのです。大江さんは私の尊敬する知識人ですし、特に『沖縄ノート』（岩波新書、一九七〇）は、沖縄と自分の関係を問う日本人にとって必須の本であり、そういう意味では大江さんにはむしろ教えを乞いたいつもりで言うのですが、大江さんはこのシンポで、本土ができる唯一の闘いとして憲法を守り続けること、とおっしゃっているんです。「集団的自衛権の解釈変更による行使を今の内閣に許してはならないこと。そして古くはなってしまったが日本の憲法を守り続けようじゃないか。それが本土のできる唯一の行動、闘いだ」と。

憲法を守り続けることが本土のできる唯一の闘いか、これでは沖縄の問いに答えられないのではないかと私は思います。改憲を阻止しても何も変わりません。日米安保条約の下で在日米軍基地が沖縄に集中している限りは何も変わりません。

これまで、日本の護憲派ないし革新勢力は、安保を廃棄することが目標であるべきで、安保を廃棄して日本から米軍に出て行ってもらう。沖縄からだけではなくて、日本全国から出ていってもらう。軍事基地は日本のどこにも要らないというかたちで、沖縄の反基地運動に連帯しようとしてやってきました。

私も、最終ゴールは、日米安保、軍事同盟をやめて、時間がかかるかもしれませんが、東アジアのなかで安全保障をつくっていく。そのための前提として信頼を醸成していく。そういうなかで軍縮を一緒にやっていく。それが本来の道だと思っています。これまでもそうだったし、これからも目標としてはそれでいいと思いますが、そのことを唱えて日本の護憲、革新勢力は六〇年ずっとやってきている。その間、日米安保廃棄どころか、むしろいま国民の八割が支持している。沖縄の米軍基地負担率もむしろ上がっている。こういう状況のなかで、日米安保を支持している人が圧倒的多数なのであれば、「本土が米軍基地を必要としているのだから本土にもっていってくれ」と沖縄から言われたときに、否定できるはずがないと思うんです。

基地があることによる脅威

岡野　沖縄の人たちは、我部さんなどもそうでしょうが、日本国民が決めていることなのだから、「沖縄の基地問題」と言うけれども沖縄の人の意見はまったく反映されていなくて、日本政府と日本国民とアメリカが決めていると言います。ボールはわたしたちに投げ返されているのは確かです。沖縄問題というより、まさに日本問題です。

沖縄から、本土へ基地をもっていってくれという声が出るのは当然だと思います。米軍基地への反対運動をコメディタッチで表現している沖縄の劇団があって、その劇団長が東京にいたときに、沖縄国際大に米軍ヘリが墜落した。その日はちょうどアテネ五輪（二〇〇四年八月一三〜二九日）と重なっていました。沖縄では事故が大問題として紙面をかざりますが、東京の新聞はオリンピック報道一色で、沖縄での事故はほとんど報道されない。劇団長は東京にいてその落差に愕然としたそうです。このようによほど気をつけて見ないと、沖縄がどのような状況なのかまったくわからない。すごく意識しないと感じ取れない状況のなかにいま生きている人たちがいる。

「女性・戦争・人権」学会の代表で、基地問題に取り組んでいる秋林こずえさんは、「米軍基地に反対する女たちの会」で、沖縄だけではなくグアムとかプエルトルコとかフィリピンとか、太平洋につながるかたちでネットワークをつくって活動をしています。彼女たちの話を聞いたり論文を読んだりしていると、基地があることによって危機が高まる、ということを言っています。

戦後沖縄の人たち、とくに女性は、戦後という言い方が正しいかどうかわかりませんが、ずっと性暴力被害を受けていて、沖縄に戦後はきていない。本土は、五五年あたりから、戦後はもう終わったかのように語り始めますが、まったく終わっていません。目取真俊さんの『沖縄「戦後」ゼロ年』（日本放送出版協会、二〇〇五）なども同様の訴えをしています。山口県の岩国基地でも、藤目ゆきさん〔大阪大学大学院教授。歴史学者（近現代史）。〕が性暴力被害の調査をされていますので沖縄だけではないと思いますが、歴史的に埋れてきた被害があって、彼女たちは、基地があるからこそ非常に暴力的な危険にさらされ、日常生活が脅かされているということを訴えてきてます〔藤目ゆき『女性史からみた岩国米軍基地――広島湾の軍事化と性暴力』ひろしま女性学研究所、二〇一〇など参照〕。

彼女たちが研究を進めていくなかで明らかにしたのは、いったい軍隊がどういうかたちで、いま女性の兵士もいるのでカッコ付きの「男性性」ですが、「男性性」を醸成して、それが差別意識を植え付け、軍人になるということ自体がもっている暴力性、もしくはジェンダー・ハイエラーキーを身につけ、自分より弱いものを暴力的に支配していくか。敵国のあるいは自国以外の人たち、まさに人種差別ですが、そういう人たちに対して、人権がある存在として認めなくていい、自分と平等なものとして扱わなくていい、というような態度を身につけさせていくか。軍隊があること自体の非人道性を、彼女たちは訴えています。

彼女たちの経験を聞き、自分としてできることは、ゴールとしては安保を破棄して、いまもっている憲法九条の可能性を活かしたかたちでの、平和構築、平和維持をおくとしても、それにはすごく長い時間がかかるので、段階としては県外移設というのが、高橋さんの話されたことでしょうが、私はそれは難しいと。

高橋　もちろん簡単ではありません。

連帯の困難さ

岡野　今のところどこも受け容れるところはありませんから、簡単ではないのですが、そうだとしたら、やはり軍隊は居たら困るものです。住民たちは、基地が自分たちの日常生活を脅かすものだとわかっているから他の自治体も受け容れないわけです。

だからこそ、要らないものを沖縄に押付けていていいのかという運動にどう連結させていくか。自分がイヤというものを、一部の人に押付けていることがわたしたちの、法の下の平等として、わたしたちの生活のなかで許されるのかという訴えは、強くしていかないといけないと、いつも彼女たちの話を聞いて思います。どのように一緒に運動していくのか、私たちが自分だったらイヤだということを、彼女たちは経験している。経験はしていないけれども感ずる恐怖をどう彼女たちの運動と連動させていくのかを、広い意味での平和運動や九条の平和主義の運動のなかで、沖縄以外に住むわたしたちがもうすこし意識していかないといけないというのが、私が沖縄の人たちの運動や主張から感じていることです。でも力は弱いですが。

京都に米軍のＸバンド・レーダー（ＴＰＹ‐２レーダー）が配備されるということで、名護市長選の前に配備に反対するデモなどもあって、私も参加しました。皮肉なことですが、京都にいながらも沖縄の人たちと連帯する、Ｘバンド・レーダー配備によって当事者意識のようなものが若干生まれつつあります。沖縄との連帯ということで、沖縄の人がそれをどう感じるかは、なんだいまさらかということかもしれませんが、少し自分の身近な問題として感じられる状況になってきている。

沖縄に関するデモは京都でもけっこう頻繁にやっていますが、私はあまり参加はできていません。京都九六条の会として憲法を考えるなかで、沖縄のことも中心に考えていかなければならないと思っています。

高橋　連帯というのは実はすごくネックになっていて、県外移設要求はある意味、日本人を丸ごと批判することになりますので、いっしょに運動ができなくなる、連帯ができなくなるからよくない、という意見は運動をやっている人から必ず出てきます。この問題については、沖縄の人から敵視されても仕方がないというポジションに日本人はいます。そして、そのことを見ないようにしているのを感じます。日本人はもちろん沖縄の人でも、特に革新政党は本土に系列化されていますから、運動家が本土から定期的に来てくれて、一緒にシュプレヒコールをあげたりデモをしたり、安保廃棄に向けた運動を一緒にしてきた以上、批判するわけにはいかないという話も聞きます。ですから、表だっては言わないけれども、本当だったら本土にもっていって欲しいと思っている人はかなりいる。

この問題は、憲法問題としてどうかというところから入りましたが、少なくとも九条や平和というだけではすまない、植民地主義の問題があるのだと思います。そうなってくると、沖縄戦以来の軍事植民地ということに加えて、明治の琉球処分[※9]以来の植民地支配、同化政策が沖縄戦に行き着いた。それまで一つの国だったところを琉球処分で日本に併合したわけです。さらにさかのぼって、薩摩藩の琉球侵攻（一六〇九年）以来という人もいます。琉球民族独立総合研究学会の趣旨文[※10]には、そこまでさかのぼって書かれています。すくなくとも、日本国のなかにいる限りは、米軍基地をこれだけ集中させられている「奴隷状態」から自分たちは解放されないということまで言っています。

これは差別の問題だ

高橋　私がこれは差別の問題だと思うのは、単なる平和、戦争反対というだけの問題ではない。戦争にかかわるみんな誰でもイヤなものがあり、それがたまたま沖縄に集中させられているからみんな一緒になくしましょうという話ではないのではないか、と。

これまでの歴史のなかで、実はヤマトの側が、天皇を初めとして安保で在日米軍基地を必要としている、北朝鮮や中国、かつてならソ連がいるからといって、日本を守ってもらうという思いで日米安保を支持してきた。ところが、日米安保下で在日米軍基地はどこにおいてもいいのに、沖縄にそれだけ集中される。

いま普天間飛行場にいる海兵隊は、もともとは本土にいた部隊です。一九五〇年代に岐阜と山梨の基地から移りました。なぜ移ったかというと、本土で反基地闘争、反米軍基地闘争が盛んになったので本土に置けなくなって沖縄に移したのです。

一九七二年の復帰後も、沖縄の人の反対にもかかわらず、岩国から海兵隊の部隊が沖縄に移されています。沖縄の負担率が増えてきたというのは、本土に多くの米軍基地を置けないから、沖縄に集中させたということが歴史的にある。平和の問題だけならば安保廃棄を実現しよう、どこにも基地は置かないと言っていればよいのでしょうが、これだけの長い期間、植民地支配として犠牲を強いてきたということになれば、これは差別ないし植民地主義の問題ではないのか。

私は、先ほどから繰り返しているとおり、安保条約をやめて、九条の理念にそって東アジアの安全保障秩序を創造していくべきだと思っていますが、県外移設を望んでいる沖縄の人たちは、ではいつ安保条約を廃棄できるのか、いつまでに廃棄できるのか言ってくれということになります。政治が結果責任だとしたら、日本の革新政党や護憲派は責任をとらなければなりません。平和運動をやっている間もずっと沖縄の人たちの犠牲は続いています。どこかにもっていかない限りは沖縄の被害が日々続いている。遠い将来に安保廃棄するように努力するのでそれまで待ってくださいと言えるでしょうか。それまでは、安保を必要としている本土において、それをなくすよう本土で努力するというのが、本来の責任なのではないか、と私は思うようになったんです。

では具体的にはどこに置くんですかとか、置いたらそこの人が被害を受けるのではないのですかとか、性暴力もあるのではないですかということになるでしょうが、では、沖縄にこれだけ集中させてなぜずっと平気でいるのかということです。かつて植民地支配をしていた帝国日本の日本人が、朝鮮半島などの人たちから植民地支配者として、被支配者の側に置かれた人たちから敵視される居心地の悪い状態も、なぜ沖縄については感じないでいられるのか。

鳩山首相が当時どこまで見通しをもっていたかまったく怪しいのですが、ともかくも県外移設という沖縄の声に応えようとした。それでどうなったかというと、首相が提唱しているのに周りがよってたかって首相を孤立させた。特に日本のメディア、朝日新聞も含めて日米合意に戻らなければ日米同盟が壊れるからといって、バッシングをした。決定的なのはウィキリークスの情報ですが、外務官僚が鳩山の言うことは聞かない方がいいと米政府に言っていた。

アメリカには辺野古にこだわらないという側面があって、本土移設の候補地を何度か出してきていますが、反対があってそれはムリですと日本政府が即座にそれを否定している。では沖縄の反対はどうなるのか？　本土では少しでも反対があればできない。沖縄はオール沖縄でずっと反対しているのに。

これはやはり、差別ではないか。

このままでは何も変わらない

岡野　この間の報道を見ていると、明らかに日本政府側が沖縄にいてくださいと頼んでいるとしか見えない。アメリカは、現地の人たちの意向を聞く耳をもっているはずです。鳩山首相の県外移設の経緯を見ていて、私はビックリしたんですが、日本政府も財界もこぞって鳩山氏の意見を潰しました。マスメディアもいかにも鳩山氏が脳天気で外交の継続性についてわからない軽率な首相という描き方をした。

　ただおそらくアメリカ側は、費用は日本に負担させるとしても海兵隊をグアムにもっていく選択肢ももっていた。地政学上、沖縄が本当に要になっているのか、アメリカの世界戦略として大切だという意見を撒いているのは実は日本側のような気がします。沖縄は地政学上の大切なポイントだということを、ずっとわたしたちは日本政府にすり込まれてきたというのが、鳩山首相の米軍基地の移設をめぐるバッシングのときに思ったことです。

高橋　その通りだと思います。

　二〇一三年一一月、沖縄タイムスが一面で大きく取り上げたのは、オーストラリアの公文書館から出てきた資料ですが、一九七二年の沖縄復帰の後、米国のなかに沖縄からの海兵隊の全面撤退という計画があった。その際に、撤退されては困ると引きとめたのは日本政府だったというのです。

また、基地をどこに置くかはアメリカが決めているのであって、沖縄にあるのは米軍にとって地政学的な意味があると信じられているけれども、岡野さんは日本側が言っているのではないかと言われましたね。実は、民主党政権の時代、森本敏防衛大臣〔野田内閣、二〇一二年六月四日・一二月二六日在任。〕が、最後の記者会見で、海兵隊を沖縄に置く軍事的必然性はない、沖縄に置かざるを得ないのは政治的理由からだと明言しているのです。日本の現職の防衛大臣がですよ。しかも森本氏は自衛官出身の元外交官で、麻生政権で防衛大臣補佐官を務めるなど、もともと自民党のブレーンのような人、保守の人です。では、本土には置けない政治的理由とは何か。本土では反対があって置けないということです。森本氏は西日本のどこかであれば、軍事的には成り立つとも言っていました。つまり、基地を沖縄に置く地政学的理由はないということを、日本の防衛政策のトップがいまや認めているわけです。

私は、問題提起として言うのですが、これまで基地反対運動をやってきた人は、いまさら誘致運動などできないと皆言うわけです。しかし私は、今までのままでは変わらない。それを変えるためには少なくとも政府に対して、県外移設の可能性を追求せよと主権者として要求することはできるのではないでしょうか。現に鳩山首相が、首相として追求した。政治的な選択肢として県外移設はあり得ることだし、現状の「犠牲のシステム」を変えるためには、本土の側でそれを要求することを広めていく必要がある。何よりも安保条約を支持していながら基地を自分のところに置けない、置きたくないと言っている人たち、沖縄に基地を置いたままで安保条約を支持している人に対して、問うていかなければいけないのではないでしょうか。

岡野　それは、昭和天皇が米軍は沖縄にぜひ居続けてくださいと言った、それが国体にかわる安保体制だという話につながります。日本の事情、政治的な判断、まさに主権者の意思として沖縄に押付けているというのは、先ほど高橋さんが挙げた七二年の公文書からしても明らかなのがよくわかります。

高橋　今のままで県外移設論に向き合わない限り、現在の日本人も実は昭和天皇のあの振る舞いを構造的に反復しているのではないか。つまり、北朝鮮や中国が怖いから米軍には居てもらわないと困る、だからずっと沖縄にいてください、しかし本土では引き受けるつもりはありません、と言うのであれば、日本国の「防衛」のために沖縄への長期の軍事占領を希望する、というのと同じです。そういう意味では岡野さんが最初におっしゃった、占領下での天皇のふるまいは非常に象徴的です。その後の歴史が、メッセージの通りになってきた。そしてそれを、日本国政府は主権者の支持によって認めてきた。

これは、私は日本国憲法上、九条にからんだ最大の問題の一つだと思うのです。

4　九条を無効化する集団的自衛権の行使容認

国民を愚弄する閣議決定

岡野　解釈変更で行使を容認するという集団的自衛権の議論は、当初、安倍首相が九六条改正を言い出したときよりも憲法論的にはさらに危機に陥っていていることを示しています。つまり、憲法を無視していいということになってしまいました。

〔第九六条　この憲法の改正は、各議院の総議員の三分の二以上の賛成で、国会が、これを発議し、国民に提案してその承認を経なければならない。この承認には、特別の国民投票又は国会の定める選挙の際行はれる投票において、その過半数の賛成を必要とする。／2　憲法改正について前項の承認を経たときは、天皇は、国民の名で、この憲法と一体を成すものとして、直ちにこれを公布する。〕

高橋　本当にそうです。

岡野　もちろん最初から九条が本丸でしたが、九六条改正を言っていた時点ではまだ九条改正が難しいので、改正手続を定めた九六条を先にと姑息な手段に出た。それが、憲法はこのままでも政治的な判断でこのように非常に重要な、国際的に日本の地位をある意味で台無しにしてしまうぐらいの決定を国会でもなく、私的諮問機関の安保法制懇（「安全保障の法的基盤の再構築に関する懇談会」）に、中西寛氏や岡崎久彦氏ら安倍首相のお気に入りの人たちを自分で選んで集めておいて、あたかも専門家がゴー・サインを出したというかたちのお墨付きをもって、閣議決定、つまり行政、政府でやってしまった[※11]（二〇一四年七月一日の臨時閣議）。国会を通した手続を何ら踏まないということは、憲法の価値を認めていない政治をしているのと同時に、国権の最高機関である国会、国会に代表を送っている国民をバカにしたというか……。

高橋　愚弄していますね。九六条を改正しようとしたけれども、それは立憲主義を理解していないことだと言って、ようやく憲法学者が声を上げたなという気持ちだったんですよ。専門家から、憲法のなんたるかを理解していない、とんでもないことだという批判が出てきた。必ずしもそのせいではないと思いますが、なぜか世論調査でもそれには反対だという声が多かった。だから、結局九六条改正はできないとなり、これしかないと考えて集団的自衛権行使の解釈改憲に来てしまったんでしょう。

しかし、集団的自衛権の行使そのものが憲法違反でしょう。

岡野　誰がどう読んでも憲法違反です。日本の現状は、国として体をなしていないといえる状況で、これは違憲内閣だということで、何らかのかたちでそれをひっくり返すような運動をしなければいけないと、私は憤っています。

九六条改正が困難となったとき、憲法記念日（五月三日）を中心にしたいろいろな世論調査で、集団的自衛権も反対が多かった。新聞社によって違いますが。

高橋　読売新聞や産経新聞は、「限定容認論」を入れたので、それを含めて圧倒的多数が支持しているように報道しています。それは言い換えると、限定容認と言われれば、国民はそちらになびいてしまうという弱さがある。

岡野　中国や北朝鮮との関係に明らかに限定して、国民の目の前で緊張を高めています。安倍氏は自分で緊張を高める行為をしておいて、中国の反発を買ったらそれをまた材料にして、国民の意識を集団的自衛権が必要であるという方向へもっていく。マッチポンプですね。

個別的自衛権と集団的自衛権

高橋　解釈改憲反対に対しては、次のような反論が考えられます。憲法はすべての人にとって一義的な解釈を許すものではない。憲法学的にもさまざまな学説があって当然だし、裁判所の判決でもつねに解釈をとおして憲法は効力をもっている。したがって、解釈が変わることはありうる。しかも、憲法九条に関して言えば、すでに自衛隊が合憲であると認めた段階で解釈改憲である。憲法学界では、いまだに自衛隊は憲法違反であるという説のほうが多数派のようですが、そうだとすると政府はすでに解釈改憲をやっている。つまり、個別的自衛権行使は九条の下では認められるが、集団的自衛権行使は認められないという、今の護憲派が擁護する議論自体が解釈改憲の上に立っている。にもかかわらず、再びの解釈改憲が認められないというのは一貫性がない、と。

岡野　この反論にどうするか。私も、個別的、集団的自衛権の違いが非常にわかりにくかった。集団的自衛権について、「全日本おばちゃん党」の谷口真由美さん〔大阪国際大学准教授。法学者。〕は「ヤンキーのケンカやん」と言いました。ヤンキーというのは、おそらくアメリカ合衆国と掛けているんですね。つまり友達がどこかでケンカしてやられてきたから、駆けつけて殴り返しにいくようなヤンキーのケンカと同じだと。

個別的自衛権と集団的自衛権はまったく種類が違う。日本の自衛隊が個別的自衛権としてある人たちに容認されてきた一つの理由としては、専守防衛があります。日本国憲法の九条は戦争の反省の下に、交戦権を放棄しています。戦争禁止と国際社会で決めても宣戦布告をしないで戦争をする国が、日本をはじめあったので、その反省に立って交戦権は認めない、先制攻撃はできないことになっている。その上での専守防衛とは、自衛隊を軍隊ではない、戦力ではないとしながらも、それなりの実力のあるものにする。これは、いろいろな国際状況のなかで譲歩して、おそらく九条からすると無理があるものを、交戦権を行使しないということでぎりぎりのつじつまを合わせてつくってきた政治の知恵、私はいい知恵だとは思いませんが、憲法との整合性を図りながらつくってきたものだと思います。

ところが集団的自衛権行使容認と解釈したら、今度は自衛隊をどのようなかたちで位置づけるかなど、自衛隊法なども変わってくるはずです。石破茂氏などが安保基本法〔「国家安全保障基本法」〕を推進しています。自民党憲法草案も「第九章　緊急事態」を憲法に入れるということで、集団的自衛権というかたちで、この領土にいる人たちの生命の危機がないにもかかわらず、戦力を国外に送る。これは同盟国アメリカと一緒に戦争をするということですから、国際社会的、国際法的には、自衛隊ではなく、明らかに軍隊という位置づけになります。

自衛隊は軍隊ではないと言ってきたのは、やはり九条の縛りがあったからで、地球の裏側まで戦力を送ってアメリカと一体になって戦争をするということになれば、完全に九条を無化するわけで明らかに質が違う。

九条を無効化する解釈は許されない

高橋　同感ですね。先ほど私が言ったこととの関係でいえば、憲法解釈を変えることはあり得ます。憲法は解釈を通してしか働かない、というのもそうです。ただ、解釈改憲になってしまうところが問題だと思うんです。

それは、岡野さんがおっしゃっていることとつながりますが、解釈によって憲法九条をまったく無効化してしまう、そういう異常な解釈の変更をしたことが、いま問題になっている。それはやってはいけないことでしょう、ということです。

憲法は単なる文字としてあっただけでは、権力がそれを常に尊重するとは限らないので、権力に対する縛りとはならない。立憲主義そのものが、主権者が政府、国家に対して憲法を守れとどれだけの圧力をかけられるか、最後はそこにくるのではないかと思います。

ですから、これまでの政府解釈にいわば安住していたのでは護憲派も足下をすくわれる。それに対抗して、九条の解釈とはこうでなければいけない、つまり九条そのものを無効化することは許されないのであって、ぎりぎりここまでなんだということを、国民世論として、主権者の意思として強めていかない限りはやられてしまう。

脱原発デモは、六〇年安保以来の規模になりましたね。それには、東京電力福島第一原発事故の衝撃が決定的だった。それがあって初めてあれだけの人々が路上に出てきた。それまで出てこなかった人たちが出てきました。さらに、公聴会やディベート型の世論調査によって国民の意見を聴くことをした結果、原発ゼロという意見が多くを占めたため、二〇三〇年代には「原発ゼロ」という計画を野田政権が出さざるを得なかった。事故の衝撃が大きかったけれども、国民主権者がいままでにない規模で声を上げたということが、かなりの圧力になったと思います。

では、原発に比べて、沖縄の普天間基地移設問題に関してどうかといったら、これは全然そうじゃない。沖縄では一〇万人集会をやりましたが、東京ではそんなことにはならない。

集団的自衛権の行使となれば、九条を無効化することになりますから、ある意味で戦後の歴史の最大の転換点になる。これは許せないとたくさんの人が思えば、脱原発デモを上回る規模のデモがあってもおかしくありません。政権をビビらせるぐらいの反対運動が本当は起きなければいけないんですが、それが起きないのであれば、国民は「まあいいじゃないか」と思っていると思われても仕方がない。そうしたらバカにされる、足元をみられることになると思うんですが、どうでしょう。

紙芝居にだまされるな

岡野　安全保障の問題は、専門家にかなりの部分の知識が偏っていますし、国家機密ということで国が情報公開しない。国民にとっては、一番知りたいこと、例えば、中国と関係が悪いというが実際はどうなのかを、外交上の秘密ということで出さない。民主的な議論の場で必要な情報を公開しない仕組みができています。

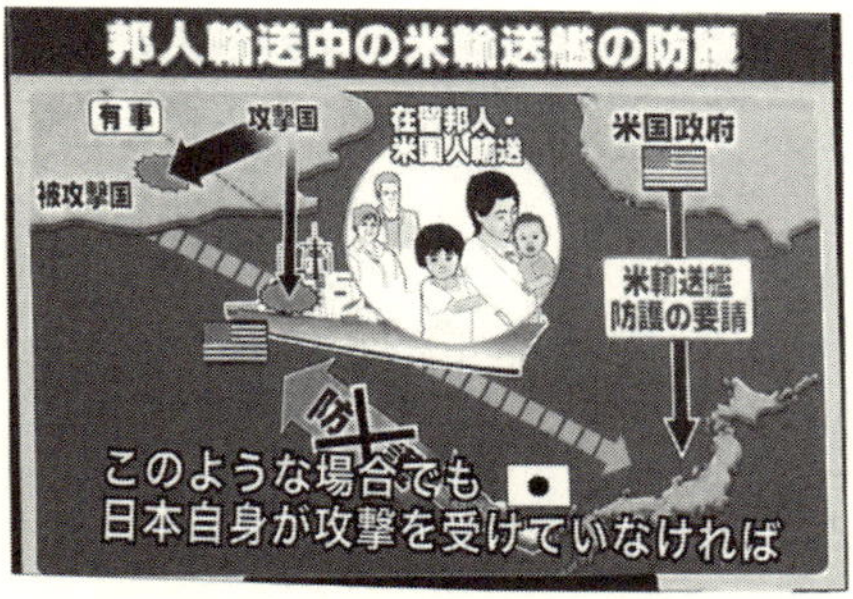

安倍首相が2014年5月15日の記者会見で使ったパネルのうちの1枚（首相官邸HPより）

紙芝居〔安倍首相が二〇一四年五月一五日の記者会見で、集団的自衛権の行使容認を検討する考えを表明した際、説明に使ったパネル。〕を見て、心を動かされている人が何パーセントかいるわけですよね。おじいさんやおばあさんがなぜかアメリカの船に乗ってやってくるという、荒唐無稽な。

高橋　それで墓穴を掘ったという見方もあります。

岡野　ありますね。私もあれは吹き出しました。そもそも本当に国民が紛争に巻き込まれたときに、政府がどれだけのことをして助けようとしたのか、二〇〇四年のイラク人質事件での高遠菜穂子さんたちのことは忘れたのだろうか、自己責任といってほったらかし、しかも世論はそれに同調して見捨てたんですよ、この国は。

高橋　その通りです。

岡野　それなのに、世界中にいる国民の命を守るとよく言うなと。あれを見たときに、イラク人質事件のことをなぜ忘れるのかと思いました。あの時の日本政府がやった国民に対する冷たい仕打ちを覚えていながら、なぜ戦争・紛争になったら国しか助けてくれないという気持ちになるのか。アメリカも日本人を艦船に乗せるわけがない。

高橋　そうですね。安倍首相が例示したのは米軍の船で救出する想定でしたが、米軍の船に乗っていたら当然攻撃されます。ですから、民間の輸送船に乗せて救出しなければいけないのに、その辺の前提がめちゃくちゃな記者会見でした。笑っちゃいますね。

岡野　私たちは、戦時ということを情報としてもあまり知らない。ところが実際に紛争に巻き込まれた人たちはこれまで、民間機やいろいろな手段を使って逃げてきています。そういうことも、どのようになされてきたか私たちは知らない。

軍隊は国民を守らない、国を守るだけであって、ここに住んでいる人を守るわけではないんです。とくに集団的自衛権は、国益は守るけれども国民は一切守らない、しかも国民を危険にさらします。アメリカと一体になれば日本でテロが起きかねません。そのように国民の命を危険にさらしてまで国を守ろうとしているのが、いまの日本の文脈で言えば、集団的自衛権だと思います。特定秘密保護法もつくって国民に情報を知らせず、民意を操作できると思っている政治家に対して、本当に大きな怒りを感じます。あの紙芝居はとんでもない。

高橋　紙芝居をはじめ政権側の説明は、ある流れのなかの一局面を切り出しているだけであって、アメリカの船に乗っておじいさん、おばあさんが逃げてくる、お父さん、お母さんがいるかもしれない、子どもたちがいるかもしれない、「助けないんですか」と言っていましたが、米軍の艦船を助けるために自衛隊が米軍を攻撃してくる国に対して攻撃すれば、自衛隊がその国、第三国を攻撃したとみなされ、第三国から日本が攻撃対象になってきます。朝鮮半島有事であれば、当然北朝鮮が想定されていますが、北朝鮮のミサイルが今度は日本海側の原発などに撃ちこまれるかもしれない。日本は完全に巻き込まれます。

アメリカを攻撃したミサイルを日本が撃ち落とす、というのもそうでしょう。日本の上空ではなく北極圏を飛んで行くのだ、また、どうせ高すぎて撃ち落とせない、技術的に無理だという議論があります。これが軍事専門家の議論ですが、仮に撃ち落としたとしたら、北朝鮮が今度は日本を攻撃することができることになります。

ただ上空のミサイルを撃ち落として、それで終わりという話ではない。撃ち落としたら、そこから戦争が始まる。しかも、日本が仕掛けたということになりかねない。そういう議論はまったくしないで、ある場面だけ切り取ってやっているわけです。住民の安全をどう考えているのか。それこそ危険極まりないゲームです。

岡野　危険すぎます。もう一つの例が、アメリカと共同演習をしているときに、公海上でアメリカが攻撃されたら、ずいぶん離れていても、一緒に共同演習しているのだから、そこに駆けつけて攻撃するというような想定をしている。それをしないと、これは共同演習をしているアメリカに申し訳が立たないので、日本はそれができるようにすべきだというのですが、そうしたら、もう本当に戦争です。

高橋　今の例だけ考えても、前後のコンテクストから切り取られたある場面だけで考えていて、その後どうなるかという議論がほとんどないですね。

もう一つ、岡本行夫氏〔元外交官、外交評論家。橋本内閣で総理大臣補佐官、小泉内閣で内閣官房参与や総理大臣補佐官を務める。〕が例に挙げるのは、イランがもしホルムズ海峡を封鎖したら日本に石油が止まってしまう。そうなったら、国民の生存が危うくなるので、その封鎖を解かなければいけない。そのときにアメリカ等に任せていいのか。日本で使う石油も持ってこれなくなったときに、日本は何もしないで、他の国にそれを依存していいのかという話です。

もし日本がそこで多国籍軍等の一員となって、海峡を封鎖している機雷を排除するとしたら、これはもう戦争行為ですから、イランと戦争することになる。それはイラク戦争に多国籍軍の一員として入るというのと変わらない。イランとアメリカ、日本等が戦争になったら、これはイスラエルとか他国も巻き込まれていって、世界戦争にもなりかねない。そうなれば、少なくとも、イラクのときも言われたけれども、いつ東京で、あるいは大阪で、爆弾が爆発するとか、何があってもおかしくない。それこそテロの標的になっていく可能性がぐんと高まるわけです。それをわかっていてやるのか。

その後の話が一切ないではないですか。「守らなくていいのか」と言いますが、「守れるんですか、戦争になりますよ」と。イランと戦争になれば、第三次世界大戦に巻き込まれかねません。むしろそういうことを平和外交でもって何とかくい止めるというのが、憲法の命じている日本の政治家の役割なわけですが、そういう話は全部吹き飛んで、一連の流れのなかである瞬間だけを切り取っているということが、私はあのトリックの最大の問題だと思います。

岡野　柳澤協二さん〔元防衛官僚、小泉・安倍・麻生内閣時の元官房副長官補。著書に『亡国の安保政策——安倍政権と「積極的平和主義」の罠』（岩波書店）など。〕がずいぶん発言されています。彼は専門家として自衛隊の現実に基づいて集団的自衛権に反対しています。柳澤さんによると、ホルムズ海峡の機雷除去についても、噴飯もの、へそで茶を沸かすような話で、自衛隊は確かに素晴らしい掃海艇も持っているが、ただしそれは平時に使うことを想定しているので、機体がプラスチックや木製で非常に機能性がよい一方で、紛争地帯へはとても出て行けるようなものではないそうです。重装備にすれば、機雷に反応してしまいます。攻撃に耐えられない船で、紛争地帯に出て行くことは想定していない。彼らが言っているホルムズ海峡など、遠い国のことなので、中東のことは私たちは本当にどういう状態になっているのかよく知りません。いかに、私たちの無知につけこんでこのようなストーリーをつくっているかですね。

イスラーム世界から見る集団的自衛権について、内藤正典さん〔同志社大学大学院グローバル・スタディーズ研究科教授、現代イスラーム地域研究。〕のお話をうかがったのですが、トルコの専門家の内藤さんによれば、トルコはいろいろな経緯から親日派が多く、日本はアメリカとは違ってイスラーム圏では何の罪もない女性や子どもたちを殺していない国ということで、とても評価が高い。イスラームの人は目の前の女性や子供に対する攻撃に対しては絶対に忘れないのだそうです。日本がもしアメリカと一体になって、中東やアフリカのイスラーム圏に出て行って、一人でも女性や子どもを殺したら一六億のイスラームの人たちを敵に回すことになるから絶対に何もしてはいけない。

イスラームの人たちはヨーロッパに対しては第一次大戦までさかのぼって、西洋国民国家の理不尽に対して怒っているけれども、日本はまだ違うと思われているらしいんです。平和憲法があって、これまで日本が七〇年つくってきた平和な関係がある、アメリカやヨーロッパと一体化していない日本の意味があるということを、内藤先生が力説されていました。

高橋　そういう意味でも、集団的自衛権を行使したときに何が起るかということを何も言っていない。戦争に巻き込まれる、イスラーム圏からも敵視される、あるいは、ロンドンやマドリードで起ったようなテロが日本の中枢で起るかもしれない。そういうことを全部覚悟しろと言えるのか。それは、戦後日本がまがりなりにも守ってきた限界、それゆえに国際的に一定の信頼を得てきた安全保障について、その遺産をすべて放棄してしまう、自ら投げ捨ててしまうことになります。

対米隷従する幻想の主権国家

岡野　少なくともアメリカが、湾岸戦争後日本に兵を出せと言っていることは事実であって、日本政府がそれに応えようとしているのは確かです。そのことを思えば、日本がいままで九条があるからアメリカの戦争に巻き込まれずにすんでいたのに、九条が無効化されると、完全にアメリカに追随することになるでしょう。アメリカが望むよりもさらにアメリカのご機嫌を取ることになります。

同盟国のアメリカは、これまで、とくにテロとの戦いになった二〇〇〇年代以降、いやベトナム戦争からかもしれない、ずっと過ちを繰り返してきている国です。ＣＩＡなどの情報収集は一流のはずなのに、大量破壊兵器があると嘘八百を言ってイラクを攻撃しました。当時のパウエル米国務長官が国連安全保障理事会でイラクの大量破壊兵器開発について証拠を示すとして持ち出したのが紙芝居（パネル）だった。あれ以来、私は紙芝居が出たら、これは嘘だと思うようにしています。ちょうどあの時私はニューヨークにいて、アメリカの軍事技術は偵察衛星でサッカーボール一つの大きさのものまで見えると言っているのに紙芝居とはなんなんだろうと目を疑いました。アメリカは同盟国として最悪の同盟国。日本は安保の下、その庇護の下で、沖縄の問題や、自衛隊が派兵されるところが非戦闘地域であるという、小泉発言などありましたが、最後の砦は九条だったはずなんです。

高橋　そもそも一九九四年に朝鮮半島の有事が想定された時に、アメリカは日本に千項目以上にわたる要求を出してきた。後方支援をやってくれという要求です。そのときは、それはできません、集団的自衛権にあたるから、ということで拒否できた。しかし、これからはアメリカの要求を拒否するようなことはできなくなるでしょうね。

岡野　まったくできませんね。アメリカは戦力も、防衛費も軍事費も縮小していきたいのですから、日本が戦争に参加してくれればアメリカは大歓迎ですからね。

高橋　冷戦終結後のアメリカの大きな意図としては、政権によって微妙に違いますが、東と西に分けて、西の方はイギリス、東の方は日本、それぞれ「忠犬ポチ」のような国が欲しい。イギリスは湾岸戦争、イラク戦争、アフガン戦争、全部つきあっています。それと似たようなかたちで、自由に使え、しかも、英軍よりも米軍に一体化している自衛隊に米軍の補完をさせようとしている。

岡野　日本はそれほど情報をもっているわけではなく、現状何が起っているかなど、アメリカからくるわけです。日本はそれを検証する間もなく巻き込まれるのですから、本当に危険です。ですから、アメリカの戦争に参加するのかが問われている、ということですね。

高橋　安倍首相は、二〇一四年四月二八日に主権回復の日といってお祝いしましたが、主権どころではないですね。主権をもっていると幻想しつつ自ら隷従していくということです。

「守ってやる」という脅し

岡野　最近、すでに亡くなられていますがチャールズ・ティリー（Charles Tilly）というアメリカの社会学者の論文“War Making and State Making as Organized Crime”［*Bringing the State Back* (Cambridge University Press) 所収］を読みました。そこでティリーは、「保護（protection）」には二つの意味があるという話をしています。一つは安全な建物などで人々を危険から保護するという、ふつうの意味ですが、もう一つは英語でゆすり、たかりの意味があるラケット（racket）だと言います。近代国家ができる前の、西洋の絶対王政の国家がやっていた領民の保護とはまさにこれで、それはあなたを守ってあげるというある種の脅しとしての保護です。例えば、やくざがやってきて、「お前ここで商売をするなら危険だからおれが守ってやる」という場合、そう言っている本人が一番危険なのですが、そう言ってみかじめ料をせしめていく。前近代の絶対王政がやっていたのはこのラケットだったというのです。

安倍首相は「日本を、取り戻す。」と言って、自分の祖父ができなかったことをやろうとしているのかと思っていたのですが、私はティリーの論文を読んだときに、安倍氏は新しい国をつくろうと思っているのではないかと……。

高橋　『新しい国へ』という本を出していますからね。

岡野　「美しい国」から「新しい国」へ、確かにそうですね（笑）。安倍首相はまさに自分から危険だ、危険だと言って脅威をあおっておいて、オレが守ってやるからと言っています。

ティリーによれば、中世には諸侯がいて、保護する人がたくさん重層的にいた。それなのに、オレが一番安くお前のことを守ってやるから税金を払えといって、みかじめ料を取って、競争相手を力で排除して、結局一番高くつく暴力装置をもった人が絶対君主となり主権国が生まれたというのです。安倍首相がやっているのはこうなんだという、中世に戻るようなイメージがあって、私は暗黒時代にいるような非常に暗い気持ちになっています。

〔補注〕

※1　ケヴィン・ドーク（一九六〇～）はアメリカの日本研究者、ジョージタウン大学教授。邦訳された著書に『日本浪曼派とナショナリズム』（柏書房）、『大声で歌え「君が代」を』（ＰＨＰ研究所）などがある。靖国とアーリントンの比較は『諸君』に掲載された論文で、安倍晋三『美しい国へ』に引用されている。

※2　二〇一四年のノーベル平和賞を憲法九条にという取り組みが一人の女性の発案で始まった。しかし、同年のノーベル平和賞は、パキスタンの少女・マララさんとインドの人権活動家・サティヤルティさんに授与され、憲法九条は受賞を逃した。

※3　ホタル館富屋食堂のホームページ等も参照。http://www.chiran.co.jp/index.htm

※4　賀屋興宣（かやおきのり）一八八九‐一九七七。戦前は、第一次近衛内閣と東條内閣で大蔵大臣を務める。一九三八年から貴族院議員。敗戦後Ａ級戦犯として終身刑となったが、五八年に赦免。五八～七二年まで衆議院議員。池田内閣で法務大臣を務める。

※5　飯島敏江作、一九七五年一一月三〇日付朝日新聞「朝日歌壇」欄掲載。家永三郎『戦争責任』岩波現代文庫、二八五頁による。

※6　ＧＨＱ政治顧問シーボルトによる覚書、通称「寺崎メモ」より抜粋。

「寺崎氏は、米国が沖縄およびその他の琉球諸島の軍事占領を継続するよう天皇が希望している、と言明した。天皇の意見では、そのような占領は米国の利益になり、また日本を守ることにもなる。天皇が思うには、そのような措置は、ロシアの脅威を恐れているばかりでなく、占領終結後に右翼および左翼勢力が台頭し、ロシアが日本に内政干渉する根拠に利用できるような「事件」が惹き起こされることをも恐れている日本国民のあいだで、広範な承認が得られるだろう。／さらに天皇は、沖縄（および必要とされる他の諸島）に対する米国の軍事占領は、日本に主権を残したままでの長期租借――二五年ないし五〇年ないしそれ以上の――という擬制に基づいてなされるべきだと考えている。天皇によれば、このような占領方法は、米国が琉球諸島に対して恒久的意図をもたないことを日本国民に納得させ、またそれによって他の諸国とくにソヴィエト・ロシアと中国が同様の権利を要求するのを阻止することになるだろう。」

※7　サンフランシスコ講和条約第三条「日本国は、北緯二十九度以南の南西諸島（琉球諸島及び大東諸島を含む。）孀婦岩の南の南方諸島（小笠原群島、西之島及び火山列島を含む。）並びに沖の鳥島及び南鳥島を合衆国を唯一の施政権者とする信託統治制度の下におくこととする国際連合に対する合衆国のいかなる提案にも同意する。このような提案が行われ且つ可決されるまで、合衆国は、領水を含むこれらの諸島の領域及び住民に対して、行政、立法及び司法上の権力の全部及び一部を行使する権利を有するものとする。」

※8　一九五七年、東京都砂川町（現・立川市）にあった米軍基地拡張に反対する住民を支援するデモ隊が米軍基地内に立ち入ったとして学生ら七名が起訴された（砂川事件）。裁判では日米安保条約と在日米軍の存在が憲法九条違反かどうかが争われた。五九年の東京地裁での一審判決は在日米軍は違憲だとして、被告七名に無罪を言い渡したが、最高裁では日米安保条約のような高度の政治性をもつ条約は司法の審査になじまないとして憲法判断を避け、一審判決を破棄して東京地裁に差し戻した。六一年、東京地裁は被告らを有罪とした。

この最高裁判決は、日本の自衛権について「（国の）存立を全うするために必要な自衛のための措置を取り得る」などと言及、それが二〇一四年の集団的自衛権の限定的行使容認論の根拠として持ち出された。

※9　琉球は、明治期の廃藩置県により一八七九年、沖縄県となった。琉球処分とは、明治政府によって琉球王国が強制的に崩壊させられた過程を指す。琉球王国の帰属をめぐりの清国との外交問題に発展した。

※10　「琉球民族独立総合研究学会　設立趣意書」より抜粋（琉球民族独立総合研究学会 http://www.acsils.org/）

「琉球の島々に民族的ルーツを持つ琉球民族は独自の民族である。（中略）琉球國はかつて独立国家であり、『歴代宝案』において明らかなように、アジア諸国と外交関係を結び、一九世紀中頃には欧米諸国とも友好条約を締結していた。他方で、一六〇九年の薩摩侵攻に端を発し、一八七九年の明治政府による琉球併合以降、現在にいたるまで琉球は、日本、そして米国の植民地となっている。琉球民族は、国家なき民族（stateless nation）、マイノリティ民族（minority nation）となり、日米両政府、そしてマジョリティのネイションによる差別、搾取、支配の対象となってきた。このことは、例えば一九四五年に琉球の地を日本が太平洋戦争の地上戦の場（＝捨て石）としたことや、一九五二年に自らの主権回復のために琉球を質草にしたこと、米国軍政府による戦後27年間に及ぶ抑圧的支配、そして、一九七二年のいわゆる日本「復帰」（＝日米の密約を伴う琉球再併合）後も日米が「日本国土」の〇・六％の琉球に米軍基地の七四％を押し付け続けていることなどからも明らかである。さらに、現在進行形の出来事として、一九九七年、米軍用地特別措置法改定により琉球の土地を強奪し、そして、全42議会の反対決議、知事や全市町村長、琉球民族一人一人による反対にもかかわらず、二〇一二年、日米によりMV22オスプレイが琉球に強行配備された。これもまた明らかな琉球差別であり、植民地支配である。（以下略）」

※11　二〇一四年七月一日、安倍晋三内閣は臨時閣議で、歴代政府が他国に対する攻撃に自衛隊が武力行使することは憲法解釈上許されないとしてきた「集団的自衛権」について、その行使を容認する憲法解釈変更を閣議決定した。国家安全保障会議で決定し、安倍内閣が閣議決定した「国の存立を全うし、国民を守るための切れ目ない安全保障法制の整備について」では、「3　憲法九条の下で許容される自衛の措置」のなかで、「我が国に対する武力攻撃が発生した場合のみならず、我が国と密接な関係にある他国に対する武力攻撃が発生し、これにより我が国の存立が脅かされ、国民の生命、自由及び幸福追求の権利が根底から覆される明白な危険がある場合において、これを排除し、我が国の存立を全うし、国民を守るために他に適当な手段がないときに、必要最少限度の実力を行使することは、従来の政府見解の基本的な論理に基づく自衛のための措置として、憲法上許容されると考えるべきであると判断するに至った」としている。

III 憲法をめぐる思想的課題

1　人道的介入のジレンマ

人道的介入・武力行使

高橋　これまで立憲主義をめぐる問題、九条をめぐる問題を中心に、現実の政治状況を念頭におきながら論じ合ってきましたが、ここで思想的な問題提起をしてみたいと思います。それは、紛争への人道的介入をめぐる問題と死刑をめぐる問題です。いずれについても、私自身のなかで解決されていない問題です。それをお話して、岡野さんのご意見をうかがってみたい。

まず、人道的介入から入ります。九条をすぐに実現するのは難しいだろう点は一致していると思いますが、仮に文字通り実現されたとして、例えばクウェートがイラクのサダム・フセインに侵略され、併合が宣言されたケース、あるいは、旧ユーゴの崩壊過程で起こった、エスニック・クレンジング ethnic cleansing（民族浄化）、コソボで少数民族化したセルビア系住民が、アルバニア系の住民に民族浄化をしたケース、これらを放っておいていいのかと問題になりました。

湾岸戦争の場合には、国連の安全保障理事会の常任理事国で合意が成立してしまって、武力行使をして、このときはサダム・フセイン政権を倒しませんでしたが、クウェートからは排除しました。

コソボのときは、初めてドイツがNATO軍の一部として軍事行動に加わりました。戦後ドイツはもちろん侵略戦争はしないし、ホロコーストのような民族虐殺も繰り返さないとしてきた。それはほとんどヨーロッパ・スタンダードになっていました。あのときドイツでは、ヨーロッパのすぐ目の前で、民族虐殺が行なわれているというときに、これを放っておいていいのか、ヨーロッパで二度と民族虐殺を繰り返さないとしてきたのに座視していいのか、という空爆派の主張が強まりました。ハーバーマスもこれに賛成しました。

つまりドイツにおいては、ニー・ヴィーダー・クリーク nie wieder Krieg「戦争を繰り返してはならない」という声と、ニー・ヴィーダー・アウシュヴィッツ nie wieder Auschwitz「アウシュヴィッツを繰り返してはならない」という二つの声があったのですが、アウシュヴィッツを繰り返してはならないという声が強かった。つまり、まったく保護のない状態におかれた少数民族が、といっても当時ユダヤ人は一千万人を超えていましたが、ナチスの支配下で一方的に虐殺されていった。これは、ほとんど史上最悪の犯罪のように語られてきた。これはドイツとして絶対に繰り返してはならないし、そのことがヨーロッパ全体にもある種スタンダード化されて、ヨーロッパ各国、戦勝国も含めてユダヤ人差別はもう繰り返さないことになっていました。

しかし、このときコソボで起きていたのは、まさにエスニック・クレンジング、マイノリティの民族を絶滅させようとするかのような虐殺がまた起こってしまった。これを放っておくことは、当時助けを求めていたユダヤ人を放っておいた罪を繰り返すことになるというわけで、ド

イツは戦争ではなくアウシュヴィッツを繰り返さないために、戦争に加わるという決断をしました。

このホロコーストのケースは、戦後そこからアーレントが出発した出来事でもありますし、いろいろ私も勉強してきたつもりですが、自分のなかでは解決できない問題として残っています。それは、ナチスドイツを倒したのは軍事力だったということです。

アメリカが参戦せず、参戦してもなかなかユダヤ人の助けを求める声に応えずに、当時、アウシュヴィッツへの道を爆撃せよなどいろいろな声がありましたが、大統領がこれに応えないでいたため、アメリカ国内では公然と批判にさらされています。ワシントンDCにある「ナショナル・ホロコースト・ミュージアム」には、当時アメリカがそれに応えなかった証拠が展示されています。それは、二度と繰り返してはならないこととしてあるのです。

ようやくアメリカが参戦して、ソ連軍やイギリス軍とともにアウシュヴィッツその他の収容所を解放していく。軍事的にナチスドイツを打倒しなければ、ナチスドイツの支配があと一年も続いていたら、一二〇〇万人のユダヤ人が抹殺されていたかもしれない状況でした。アメリカはユダヤ人を助けるために参戦したわけではありませんが、ナチスドイツは軍事的にしか打倒し得ない国家であった、ということが言われています。

そういうケースが生じたときに、国際社会は軍事力を行使しなくていいのかという問題。また、日本はそれを座視していていいのか。日本は戦後、とにかく戦争でひどい目にあったから一切戦争はしません、戦争放棄これは崇高な理想ですということで、ニー・ヴィーダー・クリーク、ネヴァー・アゲイン・ウォー（never again war）ということでやってきましたが、そうするとこの問題にはまったく対処できないのではないか。そういうジャスティス（正義）の問題にまったく応えないでよいかという問題です。

空爆で人を救えるか

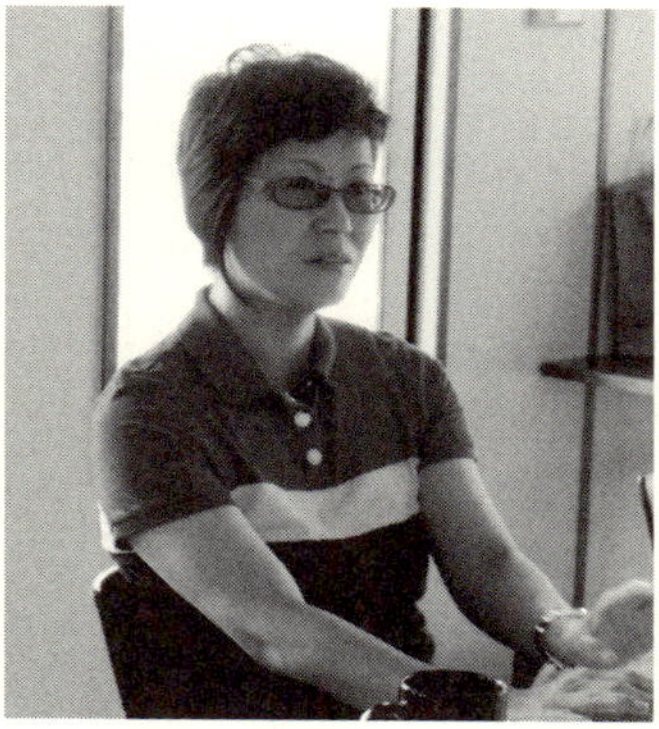

岡野　そこが、高橋さんはまだ何もおっしゃっていないのですが、高橋さんと私の考えが違うところかもしれません。

今のお話を聞いていて思い出すことが二つあります。一つは、湾岸戦争（一九九一年一月の多国籍軍によるイラク空爆で始まった約四〇日間の戦争）の時、私は大学生でしたが、イラクのクウェートへの侵攻（一九九〇年八月二日）があり、安保理決議でソ連も中国も賛成して、空爆を仕掛け、敗走するイラク軍も爆撃をしたということ。もう一つは、コソボ紛争、民族紛争で、女性たちへの性暴力、集団強姦事件がありほんとうに酷かったということです。先ほど出たドイツの参戦の話ですが、目の前で行なわれているのにその残虐な不正義を座して見過ごしていいのか、ちょうど私も学生の頃その議論を聞いていて悩みました。

私は、どんなときでも軍事力を行使しない方がいいと思っているのですが、コソボのときに考えたことは、軍事力がどのように行なわれるかということで、それは空爆でした。現実に戦場を見たことがないので実際のところはわからないのですが、セルビア人に対する強姦が起こっているところに、空から爆弾を落とすことで被害者を助けられるのか、たいへん疑問でした。どれぐらいの被害を受けている人に対して、その被害を最小限に抑えるために、軍事的な空爆や、戦車で入っていくことがいいのかということに私はずっと疑問を感じています。

アーレント『イェルサレムのアイヒマン』を読み直す機会があったのですが、当時アーレントは他国があまりにも無責任だったと批判しています。当時のユダヤ人は、それぞれ国籍をもっていましたが、例えばラテン・アメリカ諸国の国籍をもっていたとしても、本国に入国する権利はありませんでした。チリの国籍をもっていれば、領事館が提供する保護などの権利は与えられていてヨーロッパにいるけれども、チリに入国する権利はない。ドイツが各国に、いまユダヤ人がドイツにいれば、ナチスのユダヤ人強制移送の被害者になるので、あなたの国民であるユダヤ人を巻き添えにさせたくなかったら帰国させよとの通達を出すのですが、みんな無視された。[※1]

ユダヤ人がペーパー上であれ国籍をもっていたのだから、その危険から逃れさせる機会を各国はもっていたことになるのではないでしょうか。しかし、ナチスからも、このままだとあなたの国のユダヤ人は殺害される可能性がありますよという通達が出されているにもかかわらず、それを座して見ていた。
　コソボに関しても、それを実現できるかどうか、可能だったかどうか私はわからないのですが、その時にも直感的に思ったのは、攻撃するのではなく、どうしてヨーロッパの他の国々に彼女たちを逃がしてあげないのか。紛争でできないのかもしれないけれども、そういう通路もあるのではないか、と思いました。これはあまりにも突飛な考えでしょうか。

ナチスを倒さずにいたらどうなったか

高橋　はっきり言えるのは、ドイツから追放されたユダヤ人がどこかの国に受け容れてもらおうと思っても、あるいは、エビアン会議※2など国際会議で議論しても、どこの国も自分の国で受け容れたいというところが出てこなかった。そういう意味でまさにユダヤ人たちが「余計な人々」というカテゴリーにされてしまって、そのことをまさに確認したかのようにして、ナチスは「余計な人々」を抹殺処分にしていったと、アーレントは語っていますね。

岡野　私が言いたいのは、「アウシュヴィッツを繰り返さない」とヨーロッパ諸国が言うのであれば、紛争でとても逃げられないのかもしれないけれども、私はやはり、爆撃とかの武力で加害者を抑えるというよりも、被害者を逃がすとかそういうかたちで紛争の被害を抑えるという通路は、あるのではないかといつも思います。

高橋　それを国がやるのは難しいでしょうけれど、市民のレベルでは、それこそアンネ・フランクの一家だったり、コリー・テン・ボームという日本では知られていませんが自宅を隠れ家にしてユダヤ人をかくまって、それがばれて収容所に送られたオランダ人一家とか……。

岡野　オランダの市民はずいぶん助けていますね。

高橋　しかし、おそらくそういうことではまったく追いつかないでしょうね。

岡野　もちろん攻撃されたときに、まさに自分を守るなんらかの防備は用意していくとしても、加害者を罰するという意味で攻撃するということは、結果、そこに被害者たちも巻き込まざるを得ない。武力介入による副次的な被害者の数というのは抑えられたのか、増えたのか。これは計りようのないことかもしれないのですが、空爆で攻撃をしてその政権を武力的に破壊する、そこで出る被害に関して、その後、被害者なのに攻撃の巻き添えになって亡くなる方がいなかったかどうかの精査を、ほんとうに国際社会はしてきたのか。

高橋　第一に、独ソ戦が始まったとき、ドイツ軍が電撃的に四つの部隊を送り込んで、収容所に送るどころか、東ヨーロッパ、ウクライナやベラルーシなどに大量にいたユダヤ人を、一〇〇万人前後殺戮しています。ドイツ軍が軍事的に支配している地域ですから、個別に一人か二人を一つの村から逃がすことができたとしても、まったく追いつかないと思います。

それともう一つは、ナチスドイツが軍事的に打倒されない限り、ナチスドイツの支配権が維持されている状況では、そこにいるユダヤ人は全滅させられる見込みだったわけです。これは一二〇〇万人とか一三〇〇万人とか言われていますが、軍事的に打倒したがゆえに、六〇〇万人で止まったのです。介入せずにいたら、倍の被害者が出ただろうというのは、一般的に言って妥当な推論ではないでしょうか。

岡野　その介入の仕方は、なぜ武力をもって行なわれるのでしょうか。

高橋　それはナチス・ヒトラー政権が軍事的にそこを支配していたからです。それ以外の説得をしようにも外交が破綻しています。ミュンヘン会談※3で説得しようと思ったけれども、まったく聞く耳をもたずに、ナチスは侵略戦争を開始していく。

ある国が他国を侵略して軍事的に制圧している中で、たとえば病院で、子どもや病人が虐殺されているとする。それをどうやって止めるのか。逃がすといっても、軍隊がそこを支配しているときに、誰がどうやって逃がすのか。そういうことがあったが故に、ヒューマン・セキュリティ（人間の安全保障）の概念のなかに、これは国家の安全保障と微妙につながりますが、カナダはこの間ずっとResponsibility to protect、保護する責任と言ってきています。いわゆる人道的介入ですね。ですから、アメリカが人道と言って介入するのは欺瞞だ、ヨーロッパの介入も欺瞞だ、という議論はありますが、ぎりぎりのところで私が自分の中で解決できていないのはこの問題です。

武力介入以外の方法はないのか

岡野　保護する責任 Responsibility to protect は、マイケル・イグナチエフ（Michael Ignatieff）〔一九四七-。カナダの政治家、政治学者。〕なども入ってつくっています。二〇〇一年9・11の同時多発テロ当時、アメリカで教えていたイグナチエフは、ここでフセインをたたかなければ、いつフセインの体制を変えるのかと言って、イラク戦争にとても賛成していました。ニューヨークなどでも9・11以降演説していて、たいへんな強硬派でした。

人道的介入というのは、ある意味で大国の小国に対する攻撃や介入を容認する、主権を侵すことで、非常に問題視されていました。一方、保護する責任 Responsibility to protect では、政府が市民の生活を守ることができない破綻国家であれば、国際社会が主権国家として成り立っていないところを守る、保護する責任が発生する。それは、主権を超えて共有されるべき責任だ、ということです。

高橋　そこはあまり問題がない気がしますし、日本も九条に沿ってむしろ積極的にできることですね。

岡野　私もそこには問題はないと思います。民政的な責任として。ただ、そこにもいままでの経緯があるので、まさに大国の介入の口実になるのではないかという不安が生じます。イスラーム圏の人たちからは、これは欧米の傲慢な介入の口実だという批判がありました。

保護する責任 Responsibility to protect について、プロテクションはケアの倫理などでも一つの大きな柱になるので、まず保護する、プロテクションというのは概念上では私は人道的介入よりも賛成できるところはあります。しかし、ティリーの議論に触れた際にも話したように（一六四頁参照）、保護の名の下で、保護する側にどのような利害関心があるかについては、やはり警戒するべきです。

例えば、フェミニストのアイリス・ヤング（Iris Marion Young）〔一九四九・二〇〇六。米国のフェミニズム政治理論、政治哲学者。〕は、これを批判しています。保護する対象が常にすでに決められている。大国の論理で保護してあげる、保護される存在が常に規定されているのではないかという批判です。そのとき、どういうかたちで保護するのか、保護される人たちを、自分たちのニーズを主張できるような存在として扱うかたちの保護なのか、保護する側が、あなたたちのニーズはこうでしょうと押し付けるのでないようなかたちのプロテクションを考えないといけない、とヤングは言っています。

アメリカ国内では、安保理決議もなく米国が単独で始めたイラク攻撃にはかなりの躊躇がありましたが、アフガニスタンの攻撃（二〇〇一年～）は、当時のアメリカの知識人はほぼ賛成でした。特にユダヤ系の人たちが多いニューヨークのニュースクール大学の人たち、そこに二〇〇二年から私は一年半滞在していましたが、ユダヤ系左派はイラク攻撃についても支持していました。一方で、アフガンの女性たち、ラーワ（ＲＡＷＡ）の人たち〔the Revolutionary Association of the Women of Afghanistan、アフガニスタン女性革命協会。一九七七年設立。〕と彼女たちの声に耳を傾けた一部のフェミニストは、空爆するなと反対しました。そのイメージが強いのかもしれません。

高橋　何かあらかじめ一般的に使えるマニュアルをつくることは、きわめて難しいし、逆に無責任になる。言い換えると、絶対非暴力だということでそういうところには手を出さない、何もしないということでいいのか、ということにもなります。個々の状況を無視して、あらかじめ何もしないと決めてしまうことでいいのだろうか、と。

岡野　君島東彦さんが紹介していたのですが、ベトナム戦争に参戦した人たちが立ち上げたＮＧＯ「非暴力平和隊」は、非武装で紛争地域に入っていく活動「非武装の市民による平和維持活動」を実践していて、今度、ユーゴスラビアで国際大会をするそうです。そういう試みもあります。

もちろん個別には小さな紛争解決かもしれないし、どれくらいの規模でどれくらいの人たちを助けられるかはわかりませんが、君島さんの話では、その活動で紛争地域に入っていった人たちでいままで亡くなった人はいないそうです。数は少ないかもしれませんが、非武装、非暴力だからこそ得られる安全にもう少し目を向けてもいいのではないか、と問題提起されています（例えば、君島東彦「非暴力の人道介入、非武装のＰＫＯ」君島東彦編『平和学を学ぶ人のために』世界思想社、二〇〇九、参照）。東京外国語大学の伊勢﨑賢治さん（東京外国語大学教授。平和構築・紛争予防学。国際ＮＧＯとして、アフリカ各地や、東ティモール、シエラレオネ、アフガニスタンで紛争処理や武装解除にあたる。）も、同様のことを言っておられます。

破たんした国家、国際秩序を乱す者がいるから、最後の砦として武力をどこかで担保しないといけないという考え方が、多くの紛争を起こしてしまっている、戦争の原因になっているという考えを私はもっています。

高橋　国連が世界の安全保障秩序をつかさどる、一種の警察権ももつようにしていくという考え方そのものが、紛争を起こしているということでしょうか？

岡野　国際的なある種の法秩序の下で、何らかの制裁の機能をもつというのはあり得ることです。しかしなによりも国連憲章は、武力行使を原則として禁止しています。※4 そのなかでももちろん解決できないことがあるから、個別的自衛権、集団的自衛権がそのあと出てくる。戦争を禁じているのではなく、武力行使を禁止した。パリ不戦条約がうまく機能しなかった第二次世界大戦の反省のうえに、武力行使そのものを禁止する憲章ができたという点は、わたしたちが心に留めておかないといけません。

国際秩序としては、まずは武力行使が禁止されているということが大前提だということは押さえておかなければならないと思います。

高橋　私は日本の護憲派の議論のなかに、「戦争反対」と言ってそれ以上のことを考えない、ある種の思考停止を感じるときがあります。私も「戦争反対」ですし、すべての戦争に反対する説得力のある理由を探しています。それでもなお悩まざるをえないのは、無力な人々が虐殺されているとき、それを阻止できる実力をもっていたとしても、また国連で合意が成立した場合でも、なお一切の武力介入を控えるべきだと言えるのかどうか、疑問が残っているからです。

たしかに人道的介入には避けがたいアポリアがあります。無辜の市民の犠牲が副産物として生じてしまう可能性が高いとか、大国相手には介入が困難であるとか、イスラエルの軍事行動の場合は欧米がバックにいるのでどこも手を出せないように、対象の選択がきわめて恣意的であるとか……。そうした場合、どうやってこれを止めることができるのか。思考停止せずに考えなければならないと思うのです。

2 死刑の論理と憲法

憲法に加えたい死刑廃止

高橋　私は、憲法に死刑の廃止、「何人も死刑に処せられることはない」ということを明記したい。それが明記されていないだけではなく、この憲法の下で死刑が合憲だとされてきたこと、今もされていることに不満があります。

そして、護憲派といわれる人々のなかでも、憲法について考えるときに死刑の問題はほとんど意識されていないと思います。

確かに、憲法に明記しなくても死刑は廃止できます。法律、刑法を改正すればいいのですから。しかし、ヨーロッパでは、例えばドイツの憲法（ドイツ基本法）には最初から明記されて、今の死刑廃止の潮流の源流になっています。これは、ナチの時代に大量に死刑を執行したことの反省もあります。

岡野　フランスはどうでしょうか。

高橋　フランスでは、死刑廃止論は革命（フランス革命、一七八九年）の時から出ています。ヴィクトル・ユーゴーなど有名な死刑廃止論者が出てきましたが、ずっとギロチンで執行してきて、やっと一九八〇年代に……。

岡野　八〇年代までギロチンだったんですか。それはすごい。

高橋　そうです。ミッテラン政権の時に、ロベール・バダンテール（Robert Badinter、一九二八-）という死刑廃止論者の弁護士が法務大臣になり、世論としては廃止論は少数でしたが、政治的リーダーシップで廃止しました〔一九八一年九月三〇日、死刑廃止法案可決〕。その後、「何人も死刑に処せられることはない」と憲法に明記しました。私は日本国憲法もそのように〝改正〟したい。私が改憲派であるもう一つの論点はそれです。

岡野　私は死刑に反対です。アムネスティ・インターナショナルなどによってずっと批判されていることだと思いますが、現行憲法の条文にもあります。

高橋　三六条ですね。「公務員による拷問及び残虐な刑罰は、絶対にこれを禁ずる」。

岡野　そうですね。自民党草案では、その「絶対に」をなくしています。三六条で残酷な刑罰を禁止するという文言からすると、どういう手段であれ、死刑は残虐なので、憲法三六条からすると、死刑存置は憲法違反だともちろん解釈できます。

日本では、例えば非嫡出児の差別が合憲で合理的な差別だと判断されていましたが、ようやく変わってきました。これも世界的な潮流で、子どもの権利条約を批准しているのになぜ差別が続くのかという批判があって、ようやく変わりました。

死刑が明記されていないというのは、一つはそのように新しいかたちで権利を書き込んでいくという流れで、明記できればそうしたほうがいいと思いますが、現行憲法でも三六条で反対ができると思っていますし、今回の対談で何度も取り上げた第一三条でも……。

高橋　「すべて国民は、個人として尊重される。生命、自由及び幸福追求に対する国民の権利については、公共の福祉に反しない限り、立法その他の国政の上で、最大の尊重を必要とする」。

岡野　この一三条は、個人の尊厳を守るために国家が存在しているという大きな縛りになっているはずです。少なくとも死刑は、刑法学者が批判するように、誤認裁判やえん罪など、裁判で過ちを犯すと取り返しがつかないということと、もう一つは九条ともかかわっていることで、個人の尊厳を守るために存在している国、政府が、その縛りを超えて命を奪うというのは、まさに憲法一三条に矛盾するので私は廃止すべきだと思います。

また一方で、政治的なメッセージとしても、国として社会的に不要な存在というのは、社会からいなくなってもいいというメッセージを発し続けています。これは本当によくない。死刑を存置していることを、いくら世論が賛成しているとしても。

残虐な刑罰の禁止

高橋　岡野さんと死刑廃止という点で一致したわけですが、日本では世論調査をすると、調査のやり方にもよるのでしょうが、まだ圧倒的に死刑存置の方が高い。八割くらいになるでしょうか。国民の間では、廃止の意見は残念ながらマイナーなのです。

とりあえず憲法との関係に限ってみると、三六条で「残虐な刑罰は絶対に禁ずる」となっていますが、一九四八年、まだ占領下だった時に、憲法が施行されたあと、この憲法なら日本の死刑は憲法違反ではないかという訴訟が起こされています。

岡野　そうなんですか。

高橋　最高裁の大法廷判決で、日本の絞首刑は残虐な刑罰と言えないと判示されています[※5]（最高裁判所大法廷昭和三十年四月六日判決）。将来たとえば「火あぶり、はりつけ、さらし首、釜ゆでの刑のごとき残虐な執行方法を定める法律が制定されたとするならば」、それは残虐な刑罰と言えるかもしれないという、あり得ない条件法まで付いているんです[※6]（最高裁判所大法廷昭和二三年三月一二日判決）。

残虐な刑罰については、アメリカの憲法でも古くから禁止しています（アメリカ合衆国憲法修正第8条「過大な額の保釈金を要求し、または過重な罰金を科してはならない。また残酷で異常な刑罰を科してはならない」）。しかし、死刑はずっと合憲で来ていて、一九七〇年代に連邦最高裁判所がいったん死刑の執行を停止したことがあります[※7]。が、すぐにもう一度もどってしまいました。アメリカでは州によって刑の執行方法が違っていて、絞首刑や銃殺、なんとガス殺のところもある。電気椅子もある。そういうのがたくさんあったんですが、注射が出てきたときに、一種の安楽死と見なして、それほど苦しまないで死刑ができる。「デッドマン・ウォーキング」（ティム・ロビンス監督、一九九六年公開）という映画がありましたが、最後の場面に印象的に出てきますね。技術的に残虐と言えない——それを裁判官が判断しているわけですが——というものであれば残虐な刑罰の禁止に反しないことになっています。

岡野　日本の最高裁は、何年の判決でしたか？

高橋　一九四八年、まだ占領下です。いまの憲法が公布されてすぐに、死刑は三六条違反ではないかと、岡野さんのお考えのような趣旨で訴訟が起こされましたが、そうではないという判決が出たわけです。

今の話との関連で言えば、そもそもギロチンも残虐でない刑の執行方法として導入されたのです。

岡野　フランス革命の時ですね。

高橋　それ以前のフランスの死刑は、M・フーコー『監獄の誕生——監視と処罰』（田村俶訳、新潮社）の最初に出てくるダミアンの処刑〔一七五七年、ルイ一五世の暗殺未遂で八つ裂きの刑で処刑された。〕のようなものでした。長い時間と手間をかけて八つ裂きにして苦しみを長引かせる。それがヨーロッパでかなり行なわれていました。あのような段階に比べれば、ギロチンは一瞬にして首を斬りおとして死亡させるので苦痛がない、残虐な刑罰でないものとして導入された。

ですから、テクノロジーの進展によって、残虐でないと思われるような執行方法を見いだすことで、死刑を延命させてきた面があると思います。でも、どんな方法を使ったとしても結局生命を奪う、この世から抹殺するということ自体が残虐ではないかと考えれば、国民の多数がそのように判断するようになれば、裁判所の考え方も変わってくるかもしれません。

岡野　一九八〇年代までギロチンで死刑を続けていたフランスが、一人の法務大臣によって一九八一年に死刑が廃止になったということでしたが、世論の反対などは起こらなかったのでしょうか。

高橋　フランスでもバダンテール法相（当時）が議会で死刑廃止の演説をしたときには、たいへんな反発がありました。激しいヤジも飛びました。廃止をした後も復活論があって、決して死刑廃止が圧倒的多数になっているわけではありません。これはフランスだけではなく、おそらく他の国でも、いま死刑を廃止した国がはるかに多くなってはいますが、世論の多数が必ずしもそれを支持しているわけではないと思います。

被害者遺族の感情と修復的司法

岡野　私は、刑の執行の方法が残虐かどうかという議論にもっていくのは間違いだと思っています。残虐というのは、戦争でも方法にかかわって、アメリカなどではクリーンな爆弾、クリーンな殺し方というような議論をしています。確かに面と向かって殺しあうのはつらい。けれども、きれいな殺し方をして自分たちは傷つかないということのどちらが人間にとって非人間的かというと、私はきれいな殺し方の方が非常に危険だと思う。日本でも死刑を現場で執行する人たちは、何人かでボタンを押して実際には誰がボタンを押したかわからない殺し方ですね。そういう意味では、自分が殺したということに直面しなくていい。残虐ということを非人間的かどうかに置き換えれば、やはりクリーンで安楽に死んでいっても、私はそこは人間として、国家が合法的に人工的に命を奪うということに対して、どのような理由であれ反対を言わないといけないと思います。やはり、この命は無くなってもいいという考え方には反対します。

高橋　絶対に許せない、自分の手で殺してやりたいぐらいだ、という遺族の感情は理解できますが、それをすれば新たな殺人になってしまう。ですからそれは禁止されているわけです。だからそれはできない。そうすると、せめて国に死刑に処してでももらわなければ、とうてい納得できないということになるわけですね。

岡野　被害者感情としては憎しみのほかに、「どうして〈殺されたのか〉」、理由を知りたいということもあります。この対談で何度も出てきた「慰安婦」の被害にあった人たちの思いは何かというと、もはや憎しみというより、なぜこんな目に遭わされたのか知りたいということです。殺人事件の場合でも、理由無く殺されてしまったということが、遺族の人たちにとっては傷となって残る。死刑にしてその事件を終わりにすると、その傷はずっと残ると思います。何がどうしてそうなったかという真実はわからないにせよ、それなりに記録として残していくというような手間を惜しんで、国は安上がりにすませようとしている。

憲法の話しと少しずれるかもしれませんが、一九九九年の光市母子殺人事件で加害者が一八歳で、〈被害者の夫が死刑を強く主張し〉世論を大きく動かしました。それから、被害者〈遺族〉の刑罰への介入を許すかたちで、重罰化が進んできました。

高橋　重要な事件、裁判でした。

岡野　そのときに私が思ったのは、確かに被害者のなかには、自分の大切な人が殺されて、自分の手で殺してやりたいという人もいるかもしれませんし、それに共感する人もたくさんいるような気がしますが、むしろ刑罰で加害者を殺して事件を「解決」してしまうことは国家にとって安上がりな処罰、処分だということです。私は、大切な人が殺されたら悲しみにうちひしがれて、加害者に何か仕返しをしたいということより、まず大切な人を取り戻したいとか返してくれという思いが強くなるのではないかと。すごく大切な人を失った悲しみとか思い出をどうするか、むしろ被害にあった人たちをどのようにケアしていくか。イギリスでは、被害者ケアがしっかりしているらしいのですが。

高橋　それがまさにケアの倫理学の一つの場面ですね。修復的司法ともいわれるもの。

岡野　死刑となると、社会的には事件が終わってしまうことになります。ところが、被害者や遺族はずっとそれ以後も悲しみが続くわけです。犯人が見つかって死刑になって良かったですねと周りの人がその話を終わりにすることの怖ろしさがあります。事件後それが普通になったら、自分が抱え込んでいる悲しみに対して、国に対してなにか請求できますか？　国は死刑にしてあげたのだから、これであなたの悲しみは終わりなさいと言っているようなもので、その意味でも被害者の人に対してもとても残酷な気がします。

高橋　そうですね。そのような観点から岡野さんに死刑廃止を徹底的に論じてもらいたいところです。

憲法との関連に戻りますと、おっしゃるとおり、九条が平和憲法の象徴とされていますが、戦争が始まれば、生命や自由、幸福追求の権利はだめになってしまう。そういう意味では、一三条が基本だという考え方は十分成り立つと思います。「すべて国民は、個人として尊重される」。国家権力に対して、主権者である国民一人ひとりの個人の尊厳、人権というものを対置して、たった一人であってもその人権は保障しなければいけない。そうすれば、戦争なんかできないでしょうと。なかでも最も基本的な権利が生命の権利であり、自由の権利、そのなかには種々の自由権が含まれるわけですが、さらに幸福追求に対する権利ということになっているわけです。

生命の権利が入っているわけですから、死刑は当然禁止されるだろうと考えたくなります。ところが、ここには「公共の福祉に反しない限り」と入っていますので、結局、最高裁は一三条でも死刑は禁止されていない、と。つまり、死刑に処せられるような凶悪犯罪を犯した人、殺人犯は、まさに「公共の福祉」に反した最たるものだと。他人の人権をそのように否定した存在であって、「反しない限り」という条件を満たしていないので、生命を奪うことも禁じられていない、というわけです。

もう一つ、三一条もあります。「何人も、法律に定める手続によらなければ、その生命若しくは自由を奪われ、又はその他の刑罰を科せられない」。ここでも生命と自由は大事なものとされていますが、しかし「法律に定め」れば生命及び自由を奪うことができると憲法が保証しているとも読めるわけです。最高裁はそういう判断をとっている。したがって、一三条、三一条、三六条のいずれについても、原告の主張が最高裁に否定されて今日まで来ているのです。これを改めて憲法レベルで問題にすることは行なわれていません。護憲派のなかでもこの議論がほとんど意識されていないのが問題です。

国家が合法的に生命を奪うという場合、伝統的には戦争と死刑だったわけでしょう。日本国憲法は戦争と軍隊は否定していますが、死刑はいまのところ憲法によって合憲なんです。

他方で、ヨーロッパを初めとしていま百何十カ国で死刑を廃止していますが、ヨーロッパの憲法で、戦争と軍隊を端的に否定したところは見当たりません。国家による合法的な殺人、戦争と死刑、二つとも廃止した憲法を私たちはまだ見ていません。

死刑廃止自体は、刑法を改正して死刑を削除してしまえばできるとは思いますが、しかしその場合には、憲法は死刑を許容しているではないかという議論は、依然として可能なわけです。そうすると、再び刑法が改正されてまた元に戻ってしまうかもしれませんから、憲法にそれをはっきりと明記する。これも九六条に従ってやらなければならない。

公共の福祉と死刑の論理

岡野　いまの話を聞いていて、思い出したんですが、近代憲法の話をすると必ず立憲主義の祖といわれるジョン・ロックの話が出ます。ロック『統治論』は実はすごく厳しくて、個人の生命、自由、財産権をしっかり守ることは当然の、誰にとっても理性でわかる自然法の決まりなので、それに対する攻撃があった場合は野獣のように殺してもいいと言っています。

高橋　ええ、ルソーでも同じですね。ルソーは、犯罪者は社会に対する敵であって、戦争と同じだといっています（『社会契約論』）。

岡野　ロックも「戦争状態」という言い方をするんです。自分の財産を危機にさらされるのは、完全に戦争状態で、まさに戦争が仕掛けられたということだと。

高橋　でもどうでしょう、実際に凶悪犯罪を犯している最中であれば、そのような議論はまだ可能だとは思いますが、死刑はすでに容疑者を逮捕して裁判にかけてその判決が問題になっているわけですから、死刑が問題になる段階では、容疑者は社会に対して無力化されているんですよね。これを国家の敵であり、戦争状態だと考えるのは、違うのではないか。

岡野　ある種の正当防衛による以外に避けられない犯罪というイメージで、ロックは話しているのかもしれません。最高裁の公共の福祉に反しない限りというのが、そういうかたちで解釈される。

高橋　凶悪犯罪を犯して、例えば無差別に何人も殺したような加害者は、社会に対して公共の福祉に反していると言えるだろう、と。それが裁判所の論理だと思います。

岡野　死刑の話は、以前法学部にいたときに、存置か廃止かというディベートをしたのですが、そのときに私がいつも話していたことは、プラトンの『国家』に出てくる例です。例えば歩かなくなった馬にむちを打つように、悪いことをした人に罰を与えることが正義だ、というような議論に対して、悪を為した人に害を加えればその人はさらに悪くなってしまうとソクラテスは反駁します（プラトン『国家』第一巻、三三五）。ソクラテスの時代から悪いことをした人はそもそもそれで社会的に得をしているわけではなく、実は損をしているとも考えられるわけです。ルールが守られないわけですから、社会のなかで人々と一緒に生きられないから、そもそも損をしている。

高橋　社会的に追放されているような状態である、と。

岡野　その人に追い打ちをかけるように罰を加えるというのは、悪い人をさらに悪くするんだというのが、ソクラテスの回答なんです。ですから、歩かない馬にむち打っても歩かなくなるからやめた方がいい。悪に対して悪をもって対応するというのは、正義に反しているというのがソクラテスの話で、みんなはどう思う？　という話をよくしていました。しかし、いまだに、悪いことをした人は得をしているというような感覚ですよね。

法を守って、ルールを守っていることで自分が損をしているような気持ちというのは一般的にもあります。世論が死刑を求める気持ちというのは、そのような素朴な疑問とつながっています。高校や中学校の先生たちと話していると、学校の規則を守れない子が一人いると、他の子の親が怒るんだそうです。「なんで、うちの子はルールを守っているのにあの子は守らないのか」と。

高橋　それは大学の学生同士でもありますね。例えば、大教室の授業で、授業中にトイレに立つ学生がいるといって怒ってきた学生がいました。なぜ注意しないんですかって。

岡野　え～っ、そうなんですか。私は、なぜ出席を取らないんですか、といわれた経験はありますが。

サボっている人たちが得していると。「いえいえ、サボっている人たちは授業料を払ったのに来ていないんだから損しているんだよ。あなたたちは来てよかったね、ちゃんと授業料分授業を受けて」と言いますが。社会のなかで人と生きていけてよかったね、と。ただ、学校のすべての規則を守るのがそんなにいいことだとは思わないですが、私も守れなかったので（笑）。

死刑存置の論理をどう崩すか

高橋　私が思うのは、そもそも命がすべての前提ですから、これを奪う権利は誰にもないだろうということです。

そもそも法的に殺人は禁止されている、人を殺してはいけないことになっていますから、それを国家がしたら本来、自己矛盾になる。人を殺してはならないという論理を一貫させるなら、死刑も国家による殺人であってそれはすべきではないということになるはずです。

人を殺したヤツがなぜのうのうと生きているんだというような議論にすぐなりますが、人を殺したからといって、殺した人を殺さなければならないというのは、決して自明ではないと思います。そこにどれだけ必然性があるのか。伝統的に、論理としてはそれしかあり得ないと言われてきたのは確かです。

例えばカントがそうです。もちろん聖書にも「命には命を……もって償う」これはモーセの律法にあります。モーセの十戒では「人を殺してはならない」となっていますが、律法のなかでは、殺したものは殺されなければならないとなっていて、カントはまったくそれと同じ言葉で、『人倫の形而上学』「法論」のなかで、タリオの法（均等原理、同害報復の法理）以外に正義の概念はあり得ないと言います。カントの場合は被害者感情も退けられます。遺族の感情は揺れ動くわけだし、多様ですし、死刑にして欲しくないという遺族だっているわけですから、それを根拠にはできない。唯一根拠にできるのは、正義の観念、つまり等しきものには等しきものをと、均衡であると。ですから、「目には目を、歯に歯を」が正義であって、したがって殺したものは殺されなければならないという論理になる。これが正義の観念そのものだというわけです。これをどう崩すかというのが、哲学的には問題です。

少なくとも言えるのは、タリオの法は文字通りには実行できない。「目には目を、歯に歯を」と言っても、犯した犯罪とまったく同じ罰を与えるということは、厳密には実行できない。光市の殺人事件で、犯人がしたこととまったく同じことを犯人に対してできないでしょう。グロテスクな犯罪であればあるほどそれはできない。殺した人数だけの問題ではなく、殺し方そのものの問題でもあります。ですから、実はカントも、人間の尊厳に反しない限りでやれ、と言っています。こうした死刑存置の論理をどうやって崩すかということを考えています。

ポジティブな議論としては、先ほどの生命そのものを奪う権利は誰にもないだろうということなんですが、もう一つ関連で言えば、私はアーレント『イェルサレムのアイヒマン』の「エピローグ」のところにずっとひっかかっています。アーレントの死刑の論理、アイヒマンを死刑にする唯一の根拠はこれだといって、彼女が裁判官になったつもりで書いているあの論理です。「あたかも君と君の上官がこの世に誰が住み誰が住んではならないかを決定する権利を持っている」かのような「政治を君が支持し実行したからこそ、何人からも、すなわち人類に属する何ものからも、君とともにこの地球上に生きたいと願うことは期待し得ないとわれわれは思う。これが君が絞首されねばならぬ理由、しかもその唯一の理由である」(邦訳、二一五頁)。これは、ナチの論理を形式的に反復しているのではないか。

つまり、死刑の論理というのは、お前には生きる価値がないと断定することでしょう。それは全体主義の論理とそっくりではないか。お前にはこの世に生きる権利がないと言う権利がある人はどこにもいないだろう、ということで一貫すれば、アイヒマンも死刑ではなくなる。もちろん別の罰を受けねばなりませんが。

生命が神聖であるとか、生命の尊厳とはどういう意味だという議論はしなければならない。ヴァルター・ベンヤミンは『暴力批判論』(野村修編訳、岩波文庫)で「生命の神聖さ」について疑義を呈していました。「生命の神聖さ」が都合よく持ち出される場合には警戒する必要がある。神聖さとは人間が歴史的・文化的につくりだした観念だから、恣意的に適用されることもありうる(「これをかれらはあらゆる動物的な、さらには植物的な生命に及ぼしたり、あるいは人間の生命に限って用いたりする」)。人為的な価値基準を持ち込むことで価値の序列がつくられ、結果的に価値の高い生命と価値の低い生命とが生みだされる。このようにして語られる「生命の神聖さ」という観念については、いわば「脱構築可能」である。ベンヤミンの「生命の神聖さ」への批判をそのように解釈することも可能です。

しかし、そのような観念ではない生命、「生命それ自体」とか「純粋な生命」というのも特有の意味をもたされた観念ですから、表現には慎重でなければならないけれども、人間社会の意味や価値の言葉ではないものとしての生命もありうると思っています。

私としては、とりあえず「尊厳」までは使うとしても「神聖」とまでは言えません。言えるのは、ニヒリズムだろうが何だろうが、人が生きるという前提がなければ意味がない。これは、誰も否定できないのではないかということです。ただ、このことを論理的に語るのは難しい。

岡野　トマス・ホッブズが『リヴァイアサン』で、人間の生存権から始めて、彼はもともと自己保存という言葉を使って議論を始めますが、皮肉なことにひとは、自己保存のために他人を殺したりする戦争状態になるので、国家がリヴァイアサン（旧約聖書に出てくる海の怪物）のように大きな暴力装置を備えて安全を市民・国民に提供すると論じています。国家としては絶対的な国家ができるんです。国家は死刑に処したり、罰で死刑を課したりしますが、もともと自己保存の論理なので、自己保存の権利だけは「社会契約」で譲渡していないのだから――ルソーは全部譲渡するんですが――、ホッブズは「したがわない自由をもつ」と言います（水田洋訳『リヴァイアサン2』第二十一章、岩波文庫、一九六四）。ホッブズは、生命の絶対性を言います。そこは、統治者に死ねと言われたら「市民は死なねばならぬ」というルソーの『社会契約論』と違うところです。生命の価値に力点を置くと、絶対国家でもそこにはほころびがあって、逃げてもいいということになる。面白いと思うところです。

命を守るために国家が設立されたのであって、立憲主義の憲法の下で政治を行なっている限りは国家は手段に過ぎないので、その目的自体を犯すものは政府として認められない、と言うべきだと思います。

高橋　軍隊に対する、岡野さんの否定もそれでしょう。

岡野　そうです。

3　誰が憲法をつくるのか

法は誰かのものではない

岡野　私からも問題提起をしたいと思います。

私が『法の政治学』を書いたとき、高橋さんのいろいろな議論から勉強させていただいたので、ぜひ高橋さんに尋ねてみたいと思っていたことがあります。

自主憲法なのか、押付け憲法なのか、憲法制定の過程についてのいろいろな議論があることはよく知っています。しかし、その話とは別に直観的に、押付け憲法じゃないと言っている側も、押付け憲法だと言っている人たちも、どこかずれているのじゃないかと私は感じています。

押しつけではないといっている人たちは、宮沢俊義氏の八月革命説（第1部補注12参照）がそうですが国民が憲法をつくったということですよね。それに対して、自民党の人たちが言っている押しつけ憲法論は、日本は一度も憲法改正もしてこなかったから国民主権の行使として、憲法に関してそれぞれの意思を表明すべきなので、国民投票をして国民が参加できるようにしようという意見で、これは民主主義の原理からするとその通りと思わされるところもあります。

ただ、その時の情勢等々で、私たちが決めたルールが本当にすべての人にとってよいものになるのか。たとえば自民党がいうように、国民に意思表明させてお墨付きを得た憲法が、少数者の人や特に女性や声を出せない人たちにとってよいものになるのかという、直観的な疑問がありました。その原点にあるのが、ハンナ・アーレントが『全体主義の起原』のなかで、全体主義へと至る国民国家と法との関係について書いているところです（大島通義・大島かおり訳『全体主義の起源2帝国主義』（みすず書房）、第五章「国民国家の没落と人権の終焉」、とくに第二節「人権のアポリア」参照）。

かつて法というのは「王の法」だった。それが、近代の国民国家になったときに、「王の法」が「国民の法」になった。フランスもそうですが、首がすげ替わっただけであって、王あるいは神の法だったものが、国民の法になってしまったが故に、国家というものは自分たちのもので、自分たちではない人は排除してもいいという考え方を醸成した。しかも、国民とは、人民と言われながら、民族を意味していたからさらに排他的で無国籍者を生んだ。法が誰かのためのものであるかのような法の把握に対する危惧を、アーレントは『全体主義の起原』のなかで言っています。『人間の条件』のなかでも、かつて法というのは「一種の無人地帯」、ノーマンズランド（誰のものでもない土地）だったと彼女は言っていて、法というのは誰のものでもない、誰かの法と言えないようなものとしてかつてあったことを、古代ギリシアのプラトンなどにかえって議論する。確かにプラトンの『法律』にも外国人が法律をつくるというのが出てきて、ルソーなども『社会契約論』のなかで外国人の立法者の話をします。

高橋　ルソーはコルシカの憲法をつくったりしているでしょう。（"Projet de constitution pour la Corse", 1765「コルシカ憲法草案」、邦訳は未来社）

岡野　『フェミニズムの政治学——ケアの倫理をグローバル社会へ』（みすず書房）でも書いたのですが、民主主義の国をつくる一つのジレンマは、かつて民主主義を経験したことがない人たちに、はたして民主主義の憲法をつくれるのかということでした。それは神業に近い。ルソーは『社会契約論』のなかで、かつてギリシア、ローマでは法を外国人がつくっているという話をしています（第二編第七章）。私は、日本人はまだ民主主義に対して未成熟だから外国人がつくった方がいいと言っているわけではありません、そういうふうに聞こえるかもしれませんが（笑）。

ただ、法というものは、特に憲法は、先ほどから高橋さんと私が言っている普遍的原理に則ったもの、建前上、誰に対しても無差別にすべて適用されるものであるべきで、その法が誰かのためであってはいけないし、誰かのものであってもいけない。「わたしたちの」法律というような所有の言葉で語られるようなものではないと、私は思っています。

だからこそ、限界はありますが、日本国憲法が現時点で法の普遍性を追求していくような法であろうとするならば、そこに国民の意思の表明はできるし、反対意見があって当然だし、私も条文によっては改正したほうがいいと思っている部分はあるのですが、すくなくとも出発点として、この憲法が「わたしたち」がつくったものではないから変えた方がいい、あるいは私たちがつくったものだから変えない方がいいという議論の仕方には、私は強く反対したいと思っています。

普遍的な原理は誰のものでもないので、それを「わたしたちの」と言わないほうがいい。だから「〈われわれ〉のためにではなく、〈誰か〉のためにでもなく…」今の憲法改悪には反対する、というのを、私は「京都九六条の会」のスローガンとしたのです。

〈わたしたち〉のものではないが、〈わたしたち〉のものである

高橋　いまのお話は、自民党が党是にしてきたような自主憲法論に貼りついた押付け憲法論に対して反論したいという趣旨で、おっしゃっているのか、あるいはもっと一般的な意味で、法の普遍性ということから法を誰かのものとして所有するということ自体を批判して、法の普遍性を開いていきたいと思っておられるのでしょうか。

岡野　後者です。その議論を私が考えはじめたきっかけは、押し付け憲法をめぐる論争のなかでですが。改憲派は現行憲法は押し付けで私たちはつくっていないと言ってきた。それに対抗する側も、帝国憲法の改正手続を踏んで、私たちのものにしてきた。その後も改憲に反対する三分の一の議員を送り込んで私たちは何度も九条を選んできた、と言ってきました。ただ、法律の根本となる国家をつくる憲法を、私たちがつくったということで、根拠づけていいのかというと、私は違うような気がしています。

憲法というものは、いま生きている私たちだけのものではない。いま私たちが存在しているような状況とは違う未来に、新しい人、新しい国民がどんどん加わってくる。その新しい人も納得

できるものをつくらなければならない。それなのに自分たちで決めるという言い方は非常に傲慢だし、むしろ違う考えをもっていたり、思いもよらないような人たちが日本に社会の一員として住むときの足かせになっていくような気もしています。

高橋　いまの憲法を制定したのは、私たちの何世代か前の人たちで、私たちがこの憲法を起草して制定したわけではない。そういう意味ではこの憲法はすでに「わたしたちの」憲法ではないわけでしょう。しかし、法とか憲法というものは、いったん創設されてしまったら、それが継承されていくのが前提です。創設直後に否定されることを予定した法はありえないから、次の世代、その次の世代まで問題がない限り継承されていくというのは、憲法の前提でしょう。そうすると、憲法は事実上、自分たちでつくったとは言えない世代によって受け継がれている、ということになるのではないでしょうか。

と同時に、もう一つは、憲法改正が改正の手続によって可能であれば、そこは自分たちが変えましたよというのがたびたび出てくる可能性がある。しかしそうやって改正したとか、自分たちが創設したとか言ってもそれは、つくった人たちの法とは言えない、ということでしょうか？　現行憲法は帝国憲法の改正手続を経て成立し、かつ戦後六〇年以上にわたって、そういう意味では選び直してきたとも言えるわけですから、そもそも、これは私たちの憲法ではない、という言い方はおよそ成り立たないという考え方もありそうです。

その、私たちの憲法だという「わたしたちの」という所有格自体も、岡野さんから見ると問題がある、ということになるんでしょうか。

岡野　う〜ん。

高橋　その場合に思うのは、主権という概念が必要なくなる、もしくはその可能性があるということです。

一方で、現在の憲法では国民主権になっていて、国民という線引きが問題を含んでいることがあります。私自身は、日本列島に住み、税金を納めているような人たちに、国民でない、国籍がないからといって、人類普遍の原理に立つ憲法が人権を保障できないのはおかしいと思います。日本国籍があるかどうかとは別に、日本国に居住してそこで一定の税金を納めているような人たちには、人権保障が及ぶように当然するべきだし、現実の運用でも、まったくそういう人たちの人権が否定されているわけではないと思いますが、さまざまな場面で、排他的な法律などがつくられてきていますから、いま反動、バックラッシュが非常に強いなかで、そうであってはいけないと言っていくべきだと思っています。

ですから、「国民主権」という言い方には多くの問題があることを認めたうえで、他方ではしかし、憲法を制定する主権者の存在があり、憲法はかならず誰かがつくり、そして憲法として確立するわけです。もちろん国際的な承認を得なければならないとか、いろいろなことがありますが、まずは一定領域の人々、日本列島に住む人々が、一つの国を営もうとするときに、国家権力者に守らせるルールとして憲法ができる。

そうなったときに、憲法の中身が、普遍的な原理に立っていて、現在の国民、現在の市民だけではなくて、将来の市民にもこれが及ぶ。場合によっては国境の外にいる人たちの人権も可能な限り保障する。たとえば、現在の憲法でも平和的生存権（前文）は、全世界の「国民」、もともとはpeoplesですね、世界のあらゆる人々が「ひとしく恐怖と欠乏から免かれ、平和のうちに生存する権利を有する」と謳っているわけで、日本国民だけに限っていません。誰かがつくるというのは、人間存在の在り方としてやむを得ないけれども、つくったものの中身に可能な限り普遍性をもたせていこう、人類普遍の原理に立った普遍的なものたらしめようとすることは、矛盾しないのではないでしょうか。

〈わたしたち〉の独裁

岡野　私がなぜこんなに〈わたしたち〉にこだわっているのだろうと考えているのですが、一つは、憲法は誰かが起草してつくるのは確かなんですが、私の憲法観としては、憲法が体現しているような法原則なり人権の制度を共有しながら生きていることで、〈わたしたち〉というものが結果としてできてくる、というのが感覚としてあります。それが、〈わたしたち〉の憲法と言ったときには、そもそも確固たる何らかの〈わたしたち〉がいて、その〈わたしたち〉がつくった法律。もしかすると非常に瑣末な前後関係のことなのかもしれませんが……。

私には憲法あってのいまの日本国であって、現行憲法以前の大日本帝国は、いまの日本国とは、天皇制などいろいろな連続面はありますが、すくなくともそれは制度として違う、生きている私たちも違う、という気持ちが強いんです。ですから、同じ憲法の下で生きているなかで、〈わたしたち〉ができていて、その憲法の下で生きているので、第九条の平和憲法にも影響を受けているし、いまの日本国憲法がおそらく私のアイデンティティの一部にもなっているわけです。そういう意味で、結果として〈わたしたち〉が生まれてくる。〈わたしたち〉は必ず不確定なものを含んでいる。〈わたしたち〉の内実は未定なので、そこにはいろいろな人が入ってくる余地が残っているわけです。という私の憲法観が、このこだわり方に反映しているんでしょうか。

〈わたしたち〉の憲法というと、どうしても確固たるものとしての〈わたしたち〉があって憲法をつくったという順番になるのが、ある意味非常に恐ろしい〈わたしたち〉の独裁。共和制の下でもファシズムはあり得るし、全体主義というのはいろいろな解釈がありえるでしょうが、全体主義とは、民主主義がもっている、〈わたしたち〉が法をつくるという論理に、確固たる〈わたしたち〉のイメージを押し込めて、それ以外の人たちを排除しても、まったくその人たちの人権には目を向けなくてもいいような体制をつくってしまった。そのような私の全体主義観が、〈わたしたち〉への疑念を抱かせるということでしょうか。

法創設の主体は事後的に成立する

高橋　岡野さんは、「われわれ」の法だ、「わたしたち」の憲法だと言い切ってしまうところに、躊躇を覚えておられるようですね。

普通に考えると、主権国家という枠組があって、それの主権者が国民、人民と考えられている。それの外部はいまの国際システムのなかでは、再び主権国家であり、それぞれが領域で区分されている。領土と領民と統治機構ということがよく言われます。そうすると結局は国境で区切られている範囲内において、この憲法で行きますよということになったときに、国境で区切られた内部の人民がわれわれの国を運営するための憲法ですよといって、日本国憲法の前文でも「われらは」という主語が繰り返されています。それがいわば現在の常識になっているわけですが、そこに違和感を覚える、ということですね？　そうすると、当然、主権国家システムに対する疑問や批判につながってくるのではないのかと思いますが……。

岡野　これはずいぶん以前から考えていたのですが、拙著『法の政治学』でも書いていますが、ジャック・デリダが、「わたしたち」アメリカ国民で始まる合衆国の独立宣言について議論をしています。[※8] デリダはそのなかで、「われわれアメリカ連合諸邦の代表は（独立を）宣言する」と言う前には、当然ですがアメリカ国民はいないのですが、宣言することでパフォーマティブに〈アメリカ国民が〉作り出され、それが独立宣言をめぐるある種の決定不可能なものだということを言っています。一方でアーレントは、その問題に関してはあまり目を向けていませんが、この独立宣言で人権や自由などについて「われわれはこれらの真理を自明のものとみなす」と言っているところに注目をしています（アーレント、志水速雄訳『革命について』ちくま学芸文庫、一九九五）。真理と言い切らないで「みなすこと」によって法をつくる。アーレントは、独立宣言が真理だと言い切っていないことに、ある種の民主主義的な、つまり修正条項で修正していける法の絶対性を阻止する論議を見いだし、それに着目しています。

デリダは、そこよりむしろ「わたしたちはここに独立を宣言する」という、「わたしたち」は独立を宣言する前にはなく、宣言した後にしかできないことを指摘して、法が創出されるときのある種の決定不可能性を言っているんですよね？

高橋　その通りだと思います。

岡野　わたしたちが決めた法、わたしたちの憲法と言ったときに、「わたしたち」という言葉が、「わたしたち」ではない人、私たちが想定できないような人たちを排除してしまうような力をもっているのではないか。私たちのつくった法は私たちの法だけれど、私たちが想定できないような存在さえも、納得がいくような普遍性にひらかれた法としてつくっている。わたしたちの法、わたしたちが決めるといういまの議論は、そのような法の可能性を見ていないような危惧が私にはあるんです。だからこそアーレントは合衆国憲法の修正条項で憲法を変えていく、法の絶対性をそこで阻止しているところに、民主主義的な改革の余地をみていたと思います。しかし、デリダはそこにも、法をつくるときの、ある種の暴力、暴力と法と、この場合は権力でしょうか、区別できないあやうさを見ているということでしょうか。

高橋　憲法とは避けがたく誰かが、それは複数の人であることが多いわけですが、誰かがつくった憲法である。その憲法の下で生きている人々が、そこではじめて〈わたしたち〉になった、つまり国ないし国民として生まれた。これは時間をある幅でとって語っているわけですが、デリダの議論では、ようするに建国、ベンヤミン的に言えば国家を創設するような法措定的暴力の瞬間はパフォーマティブな行為であって、例えばアメリカの独立宣言、イスラエルの独立宣言、いずれもわたしたちはいま独立するんだというときに、独立後に成立する主体、独立宣言によってはじめて成立するはずの主体が、実はあらかじめ存在していたかのようにそこでは語られるということです。「わたしたち」はパフォーマティブにつくり出される。したがって、憲法の、あるいは独立宣言の正統性自体が実は無根拠なのだ、ということを言いたいのではないでしょうか。

そのことは、デリダのなかでは、あらゆる法は脱構築可能だということにつながっていく。そして脱構築可能な法と区別して、脱構築不可能な正義ということを語る場面が出てくる。ではその脱構築不可能な正義とは何かといえば、これはたいへんな難問になるのですが。

とりあえず今の議論は、デリダ『法の力』（堅田研一訳、法政大学出版局、一九九九）のなかでの、ベンヤミン『暴力批判論』についての議論と結びついているので、ベンヤミン言うところの法措定的暴力をデリダ的に言い換えているといってもいいと思います。ベンヤミンが法措定的暴力と言うときには、現実の暴力や強制力などが想定されていますが、デリダの場合は独立宣言といった言語行為の構造そのもののなかにパフォーマティブな遂行的矛盾が含まれていて、「わたしたち」は後からその行為自体によって生み出されるのだから、「わたしたち」がした宣言の正統性はあとから事後的に正当化されるかたちにしかならない。

これは、アメリカの独立宣言だけではありません。あらゆる法、これが法だというあらゆる法創設行為において、その法を根拠づける主体そのものは、法の創設宣言そのものによって生み出されるのだから、事後的にしか成り立たない、ということでしょう。

「わたしたち国民」とは誰なのか

岡野　そのときに常に問われるのは「ではこのわたしたちとは誰か」という問題です。国家の法に着目していればこの問題に帰らざるを得ない。ただ、いまの憲法論議のなかで、専制国家や独裁国家よりも国民に主権があった方がいいわけですから、通常の政治の場面では国民主権を批判はできません。でもわたしたちが注意しなければいけないのは、そもそも「わたしたち国民」とは誰なのかを常に疑うような契機をどこかで担保しておかないと、非常に固定的な、主権国家そのものがもっている排他性を批判できません。実際、現在の国民に対して排他的に管轄権をもっている国家が、大げさかもしれませんが、本当に正義に適っているかということへの疑いが憲法論議のなかでは議論されない。国民主権はもちろんいいことだとすぐに吸収されてしまう。私はそこに疑いの余地をもっていたほうがいいのではないかと思っています。

高橋　それは私もまったく同感です。国民主権と言ったときに、国民と主権とどちらも絶対化すべきではないし自明視すべきでもありません。主権については、岡野さんの『シティズンシップの政治学』『法の政治学』『フェミニズムの政治学』にいたる「政治学」三部作のなかでだんだんと深められてきた「主権」に対する批判、フェミニズムの視点からの一種の脱構築的批判があって、これは「主権」についての批判的な思考にとって大変重要な貢献ではないかと私は思っています。国民について言えば、日本国憲法そのものが、英語バージョンでは“people”ですが、これを完全に意図的に「国民」と訳しました。日本の領土・領域を認めたとしても、その中に、日本国籍をもたない人がいます。「日本国民たる要件は、法律でこれを定める」（第一〇条）となっており、国籍法で「日本国民」の要件が決められていますが、逆に言えば、法によって日本国民とされていない人々が一緒に住んでいますし、生まれ育っている人たちもたくさんいます。そういう人たちを、日本国憲法の「わたしたち」から排除するかたちになっていることは、根本的な問題だと思います。

一方では、国民主権なのだから、国民とそうでない人に一定の法的な区別、事実上の差別を設けるのは当然である、というような伝統的な考え方もありますが、それは批判されるべきものだと思います。それには二つの視点があり得ます。

一つは日本の歴史、近代の歴史、つまり大日本帝国と称して周辺の諸民族を植民地支配し、いったんは日本国民の中に組み入れた。そして敗戦後に一方的に国籍を剥奪したかたちになりました。そういう人たちに対して、歴史的な背景からして一方的に憲法の外に置くということは、不条理ではないかという論点があります。

歴史を外したとしても、今の日本列島、日本領域内に住んでいる人々のなかで、はたして国籍法で日本国民とされている人とされていない人を区別することが、どうやって正当化されるのかは疑問です。

そこからさまざまな差別が生まれてきたわけです。日本国憲法の根本を貫く原理は、前文の中にある「人類普遍の原理」だと思うんです。そう言えるとすれば、日本列島内にいるすべての人に対して、人類普遍の原理たる人権、人権自体がまた大きな議論の対象になるものですが、憲法による保障が及ぼされるべきであろうと私は思います。

岡野　〈わたしたち〉についての話をしようと思ったのは、一つには権力論にかかわってくるのかもしれませんが、国民の憲法、わたしたちの憲法というとき、所有格を使っています。私のものという所有の論理は自分が排他的に独占する、そこに加わろうとする人は、私がもっているこのモノを奪ってしまうようなある種の敵に見えてしまう。しかし、権力はモノではないし、憲法もすべての人に開かれているべきもので、それは高橋さんも私もずっと話している「普遍性」、すべてのものに適用されるモノこそが普遍性なので、あらゆる人がこの憲法の下で生きることができる、幸福追求に役にたつものだと思われたほうが、正当性は高まるはずです。

ところが、いまの日本は血統主義を原則とする国籍法で、非常に限定された人、その基準に合わない人は国民ではないと排除している。そうした中での〈わたしたち〉の憲法ということは、権力をモノのように独占して、権力にあずかれないものについては排除しています。

外国人に対する差別に関して、差別している人たちは区別としか言いませんが、その差別を正当化する根拠になっているのが、この所有格で語る「わたしたちのもの」なのではないか。それはモノをコントロールできる主体が常に先にあって、当然前提として客体、わたしたちがつくりあげた国家、わたしたちがつくりあげた憲法、というかたちで、デリダが言うように、「わたしたち」とは本来無前提で無根拠な存在であるにもかかわらず、あたかも非常な力をもった存在であるかのように思ってしまう。そのことを批判できない論理が政治あるいは国民国家の成り立ちそのものにあるような気がしています。それが、私の主体論の悩みです。

関係性のなかの主権論

岡野　権力をもう少し違うかたちで、例えばアーレント的な言い方で定義すると、全ての人が分有し、共有して人々の間にあるからこそ権力には力がある。アーレントはルソーの主権論を批判していますが、誰かが独占して排他的になったら、それは権力ではなくてむしろ強制力かもしれないし、さらに言えば暴力的な他者の自由を認めない働き方をする力になっていくのではないでしょうか。

『フェミニズムの政治学』で私は、リベラリズムの主体論批判から始めています。私がフェミニズムから学んだことはとても大きくて、アイリス・ヤング（Iris Marion Young）が、*Global Challenges: War, Self-Determination and Responsibility for Justice, Polity press, 2007.*（『グローバルな挑戦——戦争、自決、正義への責任』）という著書のなかの「自決についての二つの概念」で、二つの自決権について書いています。第二次世界大戦後の自決権について、この場合民族自決のことですが、議論しているところです。自己決定には二つの意味がある。一つの自己決定は、インデペンデンス（Independence、独立）を意味する。民族自決や旧植民地の独立、誰にも頼らないという意味の独立です。もう一つ、新しく出てきた考え方は、独立は望まないが関係性のなかで、自分と異なる、他国かもしれませんが、他からの支配からの自由、オートノミー（Autonomy、自律）という使い方もしていますが、関係性の中でつくりあげていくような「自律」という意味です。他者からの抑圧は受けない、支配は受けないけれども関係性はある、インタラクション（interaction、相互作用）はあるが一方的な抑圧からは自由。これら二つの意味の自決権があるだろう。他者とのネゴシエーションももちろんあるし、それは一方的に内政不干渉として突っぱねないかたちの自己決定という考え方があるのではないかと言っています。

高橋　その二つの場合に、前者の独立というのは、例えば一国家内の少数民族等が分離独立する、あるいは植民地支配されていた人々が分離独立するケースがありますね。それに対して後者のオートノミーというのは、具体的にどのようなケースを想定しているのでしょうか。

前回議論した沖縄の状況は、日米からどのようなかたちで自己決定権を確保するのかといったときに、独立国家になるべきか、それとも別のかたちでのオートノミーを、あるいは自己決定権を確保していくべきかが問題になっているように思われます。ヤングは何を想定しているのでしょうか。

岡野　ネイティブ・アメリカンです。ヤングは、合衆国のなかのネイティブ・アメリカンの人たちの国連でのスピーチを引用して、「私たちは自己決定ということを、他の民族の関係性の中に存在している民族であるという観点から考え始めるべきではないか」という提案を重視しています。それは、分離独立とか、内政不干渉を基本とするこれまでの民族自決、self-determination（民族自決）や sovereignty（独立国）とは違う意味での使い方をしているし、現在の国際社会のなかで、誰にも依存していない自足した存在として、国民や個人を考えるのは不適切ではないかと。ヤングはこのあと、social connection model（社会的なつながりモデル）で責任を考えようと、『正義への責任』（Responsibility for Justice, Oxford University Press, 2011. 邦訳＝岡野八代・池田直子訳、岩波書店、二〇一四）という本を書いています。

関係性の中にあるからこそ、自分のことを決めたり、私は誰かが始めてわかる。それは人間の成長過程を見ても明らかなのに、政治学はすでに常に存在している、独立した、インディペンデントな存在を前提にしていたから、依存する人に対して非常に厳しい。そうした存在を二級市民扱いをしてきたし、誰にも頼らない成人男性はインディペンデントな存在なんだという誤った幻想を植え付けてきた。しかし、依存していること、あるいは人と関係していることから生じるさまざまな不正義が世界中にあるんですが、自分は独立していて誰とも関係していない、私には関係ないということで責任を取らずにきていることへの批判にもつながっています。

ヤングや私がいま注目しているフェミニストたちのインディペンデンス（independence）に対する強い疑いというのは、女性たちが中絶の合法化を求めたときの合衆国の議論のなかから生まれてきました。日本の運動にもありますが、「わたしのことはわたしが決める」あるいは「わたしの体はわたしのもの」と主張することで、女性たちは中絶の権利を求めてきました。他者からコントロールされる、妊娠してしまったら中絶する選択肢もまったくなく身体のコントロール権を奪われていた状態から、それを自分でコントロールできるような法体系に変わるときに、「わたしの体はわたしのものだ」という言い方をして権利を獲得してきた歴史が一方であり、他方でそう主張してきたけれども、実はそうとは言いきれないという葛藤をずっと抱えてきています。

つまり、妊娠して子どもを産むという身体の変化のなかで、自分とは違う存在がいる。その経験は、「わたしの体はわたしのもの」と、権利としてそれは主張しなければいけなかったけれども、でも人間は他者から生まれるし、わたしのなかにも他者がいて、「この体はわたしのもの」と言いきれない。そういう割り切れなさがずっとあって、そのことが、「わたしの体」と言いつつもそれは全てわたしがコントロールできるという意味よりも、むしろ支配からの自由、抑圧からの自由という意味での「わたしの身体」という考え方へと変化してきました。

高橋 その意味では、independence は認めていいわけでしょう。けれども、そう言ったときにはすでに、あるいはそれ以前からずっと、他者とわたしの境界は決定不能あるいは曖昧であり続けている。

岡野　抑圧からの自由、支配からの自由と言えても、自由と言っているわたしそのものが、固定的に他者との関係から切り離されている存在であるということに関しては、批判するし女性の実感とも違う。人間の在り方として、他者からまったく切り離された独立した自己で、他人に依存しないことが立派な市民、一級市民として認められる資格になっている政治の在り方を批判するときに、いつも自分の身体と他者との境界のあいまいさに戻っていくようなところがあって、議論もそこから始まっている。この論文でも、フェミニズムの経験、つまり他者からの支配に対しては、強くノーを言う一方で、自分のなかには他者との関係性が切り離せないものが常にあるということを、ヤングは主張しています。

他者とのかかわりのなかで個人は成り立つ

高橋　岡野さんがフォローしてきた『フェミニズムの政治学』に至るプロセス、その中での議論の深まりは、私からみると、フッサールの現象学からハイデガー、メルロ＝ポンティが出てきて、さらに言えばレヴィナスやデリダたちが、他者との関係ということを基本に、主体の形而上学、主体の哲学を脱構築してきたプロセスとすごく近い気がします。もちろんレヴィナスとデリダでは違いがありますが。

岡野　ヤングも現象学に強く影響を受けています。出発点はマルクス主義なんですが、『マルクス主義とフェミニズムの不幸な結婚』（Lydia Sargent ed., *Women and Revolution: A Discussion of the Unhappy Marriage* *of Marxism and Feminism*,South End Press, 1981, リディア サージェント・編、邦訳＝田中かず子訳、勁草書房、一九九一）というアメリカの七〇年代のマルクス主義かフェミニズムかという論争をまとめた本のなかでアイリス・ヤングは「不幸な結婚を乗り越えて」を書いています。上野千鶴子さんが九〇年に出した『家父長制と資本制――マルクス主義フェミニズムの地平』（岩波書店、一九九〇）も同様の問題関心で書かれたものです。ヤングは七〇年代からマルクシストで、家父長制と資本制のどちらが女性の抑圧の根源かという議論をしはじめた後に、現象学的な身体論に着目していて、メルロ＝ポンティ、サルトル、ボーヴォワールの研究をして、身体における主体と客体の二元論をどのように超えていくかを考えていた人です。

高橋　デリダが晩年に問題にしていたのはまさに主権性 souveraineté の脱構築です。ただ、古典的、伝統的な主権国家の主権性を彼は批判しますが、他方で主権性を全否定しているか、いまの言葉で言えばインデペンデンシーを否定しているかというと、それはしていないと思います。

憲法論の文脈に戻していえば、一三条が保障しているような、個人として尊重されねばならないというときの「個人」ですね。近代憲法の枠組が、ほぼ必然的に国家に対して、守られるべき人権をもつ個人という構造を作り出してしまいます。そこで、個人のことを主権的主体のように、哲学的あるいは形而上学的な意味を込めて言うのであれば、それは批判の対象にせざるを得ないのですが、憲法という構図のなかでは、やはり信教の自由、学問の自由にしても、最後はたった一人でも人権を保障しますよ、その権利を保障しますよと言わなければ人権保障になりません。そこではどうしても「個人」が必要だと思います。それは「わたし」と言えるようなものだと思います。ただそれは、すべての場合において独立しているわけではない。あるいは根源的には独立した主体、完全に他者との関係から切り離されて独立自尊できるような主体は存在しない、それは幻想なんだということです。そんなふうに私は考えています。

岡野　ただ「個人」に関していうと政治思想の文脈ではホッブズの『市民論』（第八章）で想定される個人を、フェミニストは強く批判しています。個人とはホッブズが喩えるマッシュルームのようにポンポンと生えてきて、誰にもケアされずにポンと大人になるものではない。むしろフェミニストは、子どもが大人になっていくようなプロセス、インディヴィデュエーション（個別化）とドゥルシラ・コーネル（Drucilla Cornell）〔フェミニズム法哲学者。邦訳書に、『女たちの絆』（みすず書房）、『限界の哲学』御茶の水書房、『〝理想〟を擁護する――戦争・民主主義・政治闘争』作品社、など。〕が言い換えましたが、自他の境界が非常にあいまいな存在が、いろいろな人とのかかわりのなかで自己を確立していくプロセスのなかで個人を捉えようと試みています。

コーネルにとっても法はとても大切で、彼女は暴力的でない法があるべきだと考えています。確立した個人が利益、利害関心や自己実現をしたいそもそもの意思をもっていて、それに対して法が彼女の行為を保護するようなイメージではなく、むしろ、インディヴィデュエート（個別化）しながら個人になっていくプロセスを保障していく法。まだ個は確立していないかもしれませんが、いろいろなニーズが満たされながら、一個の個人となることを保障するような法の在り方を考える。そうした考え方からは、リベラルな法、不干渉を原則とする法、他者に危害を与えない限りは干渉しませんという法体系ではなく、個になるプロセスを保障していく、大切にしていく、つまり社会保障を手厚くする法体系へという違いが出てきます。

高橋　インディヴィデュエーションというのは、生まれてから成長の過程で一方的にインディヴィデュエートしていくというようなイメージではたぶんなくて、というのは、晩年にはまたおよそインディヴィデュアルには生きていけない状況になるからです。それは大事な視点だと思います。先ほど言ったのは、人権保障という場面で、たった一人になってもそれは保障されるべき権利の主体なんだということを法的に、制度的に認めようということですね。そういう意味で、個人として守られる場面を制度的に確保しようということであって、そこはやはり私は必要だと思います。

岡野　それは、死刑についてお話されたことにも出てきますね。

高橋　そうです。いろいろなところにかかわる。それは一種法的なフィクションとしての個人とも言えるものであって、その個人が現実に、家族の中でも、社会の中でも独立した個人であるとは言えない。存在論的にも言えない。その通りだと思います。常に他者とのかかわりの中で、もっと言えば他者に依存しても生きているというのが現実の人間なのだと思います。コーネルのいう暴力的でない法というのがどのような法なのか興味がありますね。

夢見る権利

岡野　ケアの倫理は関係性を重視するので、よくコミュニタリアンと同じだと言われるんですが、「わたしの体はわたしのもの」と主張する先ほどの中絶の話でいえば、非常に両義的な言い方ですが、それでも最終的にはコアの尊厳としか言いようのない、なんらかの、私なるものが最後にどうしても残る。フェミニストは支配からの自由から始まっています。伝統やノモス（掟、慣習）に先立つ何らかの規範、私に先立つ何らかの規範が存在するという家族国家主義やコミュニタリアンに対して、そこで抑圧を受けてきた歴史をもつフェミニストたちにとって、尊厳は絶対に譲れない。ただリベラルのような自分のものは自分のものという考え方とは違う考え方を見つけようとしているのが、ヤングをはじめコーネルなどもそうでしょう。

コーネルは暴力的ではない法の在り方として、イマジナリーな領域という言い方をします。それは実際どのような法なのかというと、彼女はラカンを参照しながら、ラカンとは違う用語の意味を使って説明します。人間にとって大切なのは、自己投影というプロジェクトをしながら、未来に向かって自己を投企していくことで、未来のイマジナリーな自分を想像することができることだと主張します。ですから、夢を見ることができないような現状、現前主義、いまある現実を自明のものとして、しかも現実イコール理想にしていく動きに対して、女性にとっては自分を投企させる先である夢を見る空間が大切でそれを公的に保障するような法、という言い方を彼女はします。現実、それはどんな法だろうということにはなりますが。

高橋　でも、夢見る権利は法で保障されなくても誰にもあるように思いますが。

岡野　いや、そんなことはないんですよ。ここは高橋さんと私が経験している世界は違うと思います。女性たちは夢見ることができないんです。描けない。例えば、レイプ被害にあって、自分の体を自分のものと認めたくないような経験をしている人たちがどうやってその体をもう一度統合していくかのプロセスでも、一歩踏み出すためには、こういう自分になりたいという自己投企できるための支えがないと、自分の体すら自分の中にひとまとまりにできない。コーネルがインディヴィデュエーションと強く言うのはそういう意味もあるんです。自分の体が自分のモノであることに対する強い違和感が女性にはある。「自分の体は自分のもの」というときも本当に私のものなのかという剥奪感があるからこそ出た言葉であることは確かです。夜道を歩いていて誰かに襲われるかもしれないという恐怖感を常に抱きながら生きなければならない中で、自分でていい安心感、自分が未来にこうなりたいという夢を見る権利は女性にとっては貴重で希少な権利、高度な権利です。

高橋　夢とは自分の生き方とか社会的な在り方に対する希望とか、そういうもののことですね。

岡野　それもそうですが、客体として女性の身体が社会的に存在してしまっている現実のなかで、女性には自分の体を自分のものとして受け入れていくのに時間がかかるのです。

高橋　身体的な次元で経験されることなのですね。想像力の抑圧、夢見る権利の抑圧に反対というのはもちろんわかるのですが、それを法で保障するというと具体的にはどうなるのか。

岡野　いまの法だと、他者に危害を与えない限りは自分の好きにしていいというものが多い。他者への危害とは何かという議論のなかで、いまの法だと現実に他者に対して傷害を与えるか、実際に損害を与えるかどうかが問題にされます。ヤングと同じような関係性の自己、ケアの倫理をずっと追求している研究者の何人かが言っていることですが、危害をどう考えるか、男性にとっては実際に危害を与えられたことを意味しています。他方で女性にとっては、夜道の例がよく出てきますが、実際にレイプにあったときだけではなくて歩いている時のレイプにあうかもしれないという恐怖感も、女性にとっては危害を与えられているに等しい。女性の行動を狭めていたり、常に恐怖の下で生きていかなければならない。その恐怖によって女性は現実に危害を与えられているのだ、というフェミニストは何人もいます。

高橋　それもよくわかります。

岡野　では、法でどうするかというと、被害女性側の落ち度を問題にする強姦罪の裁き方自体を問い直すことにもなるし、そのほかの社会の構造変革に向かって強制力を使うことにもなるだろうし、ポルノグラフィーの規制をどうするか、これは表現の自由との問題でリベラルと大きく対立するところですが、夜道を安全に歩く権利を女性に与えるということは社会をかなり広範に変えるぐらいの主張です。大手を振って夜道を歩くという夢を見られるかどうか。七〇年代の人たちは、Take back the night「夜を取り戻せ」という言い方をしています。

高橋　夜道を恐怖なく安全に歩くためになにか法的な保障を考えるということならば、私は基本的に違和感はありません。具体的にどのような法になるのかはわかりませんが。そのようなことを夢見る権利として、法として保障するというのは、一種メタレベルの話ですね。

岡野　そうなんですね。ただ私は、コーネルのいう夢見る権利は、また一三条ですが幸福追求権に引きつけて考えることはできると思っています。

高橋　ただ、幸福追求権というのは非常に抽象的、普遍的な言葉なので、ジェンダーなりセクシュアリティなり現実は多様ですから、それぞれにとって大きな違いがある。その違いは、幸福追求権という法的な語彙だけではカヴァーできないでしょうね。そこをもっと細かくした法をつくっていくのかどうかという話になってくる。法はどこまでいっても一般性・抽象性を免れないとは思いますが。

岡野　女性にとっての幸福追求権はとても大切だと考えています。歴史的に、女は結婚して幸せ、結婚しないと幸せではないという法制度や社会制度がつくられてきました。憲法の規定に反して、私以外の人が私の幸福を決めてしまった場合、それに関してはこの法制度は一三条に反しているという言い方で使えるし、使ってきたのかもしれませんが。いまの社会保障や税制、労働環境などは、女性にとっては結婚することが最も合理的な選択で、その選択をしておけば、そこそこの幸せを手にできるだろうという期待感をつくってきました。幸福追求権は、具体的な政策につながるものだと思っています。

そうするとどうしても個人が残るのは確かです。その人が幸福だと思うことが幸福だというところは。ですが、その人がドラッグユーザーで、アルコール依存症で、これが私の幸福だと思っている人に介入できるかどうかというときに、フェミニストは介入せよというでしょうが、リバタリアンは介入してはいけないことになります。

国境という壁とレイシズム

高橋　一つ確認しておきたいのは、〈わたしたち〉というかたちで閉ざすべきではないとしても、人類全体を主権者とするような憲法をつくるのは、まだまだユートピア的な話です。そもそも国というのは、彼らとわたしたちと、どうしても国境を引く限りそうなってしまうわけなので、私は国境以前に、線を引くというのは人間が生きる限り避けられないような気がします。しかし、同時にその線は、絶えず問い直され引き直されていかなければならない。できるだけわたしたちと彼らを区別する線を消していくことは、わたしたちを他者に開いていく運動です。それを私は肯定したい。しかし、どうしても線引きということは残るような気がするんです。

岡野　世界政府ですべての人類を一つにまとめるような政体は、あまり現実味もないし、むしろいまのような安全保障の単位としての国家というより、ナショナルセキュリティー（national security）ではなくてヒューマンセキュリティー（human security）を中心とした、何らかのかたちで財を配分する制度としての国家は必要だと思います。その意味で私も、まったく国境がない世界を想像したことはありません。ただ、国境を引くことがベストではないし、国家はやはり社会の制度をよりよく運営するために必要な道具でしかない。それを守ることが国家の至上目的のようなものとして国境を考えるのではなく、あくまでもその社会で生活をしている構成員がよりよく生きられる、生活を充実させるための道具であるということを思えば、そこで生活したいという人に対しては開かれた国境であるべきだと思っています。線はあるが浸透の穴が空いている方が望ましい。

高橋　現実問題としては、非常に難しい判断が求められると思います。ひとつは、いわゆるネオリベ、グローバル化です。この市場経済の波を国境なしにまともに食らったら、少なくとも日本の場合、多くの国民が大打撃を受ける。ＴＰＰ交渉でもそのようなことが言われているわけですが、それだけではなくて広い意味でのグローバル化がもたらした負の側面として、格差社会化や貧困化などがあります。それに対して、例えばフランスの社会学者ピエール・ブルデューは、ナショナルな壁は大事だ、ということを言っています。それは日本では、萱野稔人さん〔津田塾大学教授。哲学。〕などが言っていますが、開かれた国といって移民労働者をどんどん入れていったら、ますます「国民」のなかで貧困層が増えていったり、仕事が取られたりしていく。そこからヘイトスピーチなり、暴力的な排外主義が出てくるので、あまり移民を入れるべきではない。それで失敗をしたのがヨーロッパなんだ、という考え方になって現われている（萱野稔人『ナショナリズムは悪なのか』ＮＨＫ出版新書、二〇一一）。

ただ、こうした議論は先進国と途上国、富裕国と貧困国との格差を問わない議論になりがちなので、先進国のエゴイズム、特権的な地位の防衛に寄与してしまうという問題があります。

岡野　九〇年代ぐらいまで移民に対する議論は、北米でも活発にありました。大量の移民を受け容れたら、経済的打撃を受けていまのリベラルな民主制が破壊されるという議論もありました。しかし、それは本当にそうなのか、大げさに危険を見積もっているのではないか。移民を受け容れたら社会が打撃を受けて民主制が壊されるのかどうかを証明するのは、受入国の責任で、北米に関して言えば、移民によってここまで繁栄してきたのだから、移民を受け容れたら民主主義国家が破壊されるというのはある種のご都合主義的な口実であると、リベラルな人たちは批判していました。

ただ、私は、やはり日本でも排外主義の問題が出てくるから移民を受け容れない政策の方がいい、という意見には同調できません。国民が差別するから外国人は入れない方がいいという言い方はそれこそ自虐的な気がしますが、どうなんでしょうか。

高橋　最近のヘイトスピーチ（憎悪スピーチ）、ヘイトクライム（憎悪犯罪）の状況を見ていると、私は歴史修正主義の議論については市民社会の議論の中で淘汰されるべきだと今でも思っていますが、ヘイトには法的な介入が必要ではないかと思うのです。たとえば、レイシスト（人種差別主義者）であることが幸福だとか、日本から韓国人を追い出すのが自分の幸福だ、などというときの幸福追求権は保障できないでしょう。

岡野　アメリカのジェレミー・ウォルドロンという憲法学と政治思想史のリベラルな研究者が、『へイトスピーチにおける危害』という本を書いています（Jeremy Waldron, *The Harm in Hate Speech*, Harvard University Press, 2012）。９・11のイスラームフォビア（イスラーム嫌悪）を語っていて、イスラームの人たちに対してのヘイトスピーチである「帰れ」「死ね」という表現が街に目で見えるものとして溢れたとき、ウォルドロンは、これは一対一の危害ではなく、市民社会の秩序そのものに対する危害だから罪としては個別の危害よりもっと重いのだと論じました。実際の刑法上は罪として認められないと思われてきましたが、個別の脅迫罪や名誉毀損ではなく、社会のそのタイプに相当する人全員に対する脅迫になる。しかも自分がいつどこで対象になるかわからない恐怖感まで与えるので、はっきり規制すべきだと言っています。アメリカのリベラルとしては大変珍しい議論です。

高橋　今、日本でレイシズムといえば、在日コリアンへの迫害だったり、最近はアイヌや沖縄の人に対してもまた復活しているし、いわゆる日本人とは異なるものにヘイトスピーチやヘイトクライムが向っていく。それを憲法の国民主義が下支えするようなかたちになっています。そういう観点からも大きな問題だと思います。

自民党の憲法改正草案は、そういう意味では、排外主義的でほとんどレイシズム的な草案です。

岡野　外国人に地方参政権を認めないとしています。

〔自民党草案　第九四条２項　地方自治体の長、議会の議員及び、法律の定めるその他の公務員は、当該地方自治体の住民であって日本国籍を有するものが直接選挙する。〕

高橋　そして、「天皇を戴く国家」を「末永く子孫に継承するため」この憲法を制定する、と言っていますから、せっかく「人類普遍の原理」に開かれた憲法をもう一度、日本人にしか通用しない原理、それどころか日本人にも通用しない原理に戻そうとする。彼らの考える日本人にしか通用しないものをもってきて、憲法改正をやろうとしているのですから、そこについては断固として人類普遍の原理に開くべきだと思います。

岡野　近代国家ができたとき、個人が発見されると同時に国家が創設される。尊重されるべき個人の権利は、あくまで理屈上ですが、普遍なものであって、その生まれながらにしてすべての人に備わった権利を守るためにこそ、近代国家が要請された。個人の権利を保障するのは今のところ近代国家しかない。もちろん国家に所属しない人がいますし、国家はなにも十全な体制ではなく、不備もあるし歴史的に過ちも犯してきた。国家が欠陥のあるものだという意識がとても大切だと思います。だから普遍の理念を少しでも実現するために改正されていくべきなのに、いまの自民党の改憲草案では、まず国があって、その国の存続が目的であり、そのために国民が奉仕するという形になっている。これには、強く反対していかなければならないと思います。

高橋　生命・自由・幸福追求に対する権利、思想・良心の自由、信教の自由、そういう人権について、いま岡野さんが生まれながらにしてすべての人がもつものといみじくもおっしゃった。それをどのように本当に保障していくかが問題です。近代国家がそれを保障するのだとしてやってきたのが立憲主義体制ですが、それだけではすまない、というか、それが始まるときにそもそもこに組み込まれていたような矛盾が実はある。

例えば、国民の外に出たら人権がない。ハンナ・アーレントが『全体主義の起原』で指摘している「権利を持つ権利」そのものを奪われている。そういう人こそ真っ先に人権を保障されるべき存在として現われてくる。それを保障する術がかつてはまったくなかった。だんだんと国連を中心にして、国際人権法等が整備されてきていますが、まだまったく不十分な状況ですね。ここの部分を日本国憲法であれば、まだまだ日本国の憲法ですが、そのなかで人類普遍の原理と言っている以上はどうやって保障していくのか、ということではないかと思います。

岡野　現行憲法だと国政選挙に対する投票権はないという議論はされていても、外国人の権利ということで、その他の年金だったり社会保障、教育を受ける権利だったり、労働に関してはＩＬＯで、内外人を差別しないというのが原則なので、少しずつ外国人の権利が認められてきています。最高裁では、地方参政権は現行憲法下で法を整備すれば認められるという判決が出ています。

自民党草案は、最高裁の判決と異なっていて、ここに楔を打とうとしているわけです。現行法のなかでは、少なくとも日本の領土に住む社会の構成員に対しては、徐々に権利を認めていく、権利を主張する存在として認めていく方向性は十分あります。

高橋　現憲法にはまだありますね。

4　日本国憲法一〇〇年の市民革命

国民主権に代わるものは何か

高橋　先ほど、国民主権の問題を取り上げましたが、主権という概念は、西洋思想史上、もともと両義的なものでした。ひとつは宗教的な概念としての主権です。絶対的な神の至高性を意味した。もちろん神ですからそれ以上のものは存在しない。神の権威によって地上の至高者たる、地上の絶対者たる皇帝や王といった最高権力者の権力が正当化されて、彼らが主権者となっていた。それが近代の初めのあたりまで来て、王権神授説になっていった。

やがて市民革命によって王の主権が人民の主権ということになり、それがネイション（nation）つまり国民の成立にもつながり、国民主権というものが出てきた。エルシュテインの議論（Jean Bethke Elshtain, *Sovereignty: God, State, and Self*, A Member of the PerseusBooks Group, 2008. 邦訳著書に『女性と戦争』法政大学出版局、一九九四。『裁かれる民主主義』岩波書店、二〇〇二など参照）ですと、むしろそうやって国民主権というものが出てきたときに、それに対応するかたちで自立的な個人、主権的主体としての個人ができてきたのだと、その逆ではないという議論ですね。

そうすると哲学史でも近代の主観性の哲学、例えばデカルトやカント、現代ではフッサールの超越論的主観性のような、「わたし」という主体を根拠とするような哲学に疑問が生じました。それらがさまざまな面で限界にきているということになった。そのときに、個人的な主体については先ほど議論しましたが、憲法の枠内では、国家権力に対して人権の主体として、少なくとも制度的には個人というものを認めなければならないとしても、現実には主権的主体というものは存在しないし、それを存在するかのようにしてきたことがさまざまな暴力の源泉になってきた。

というわけで、主権的主体を脱構築していくために、岡野さんとしてはケアという場面を重視してこられたんですね。誰もが母から生まれて、自分だけで生きていくことはできない存在ですし、実は大人になってからも自立した個人に見えてもさまざまなかたちで他者に依存して生きている。それを暴力的に断ち切って、自立的個人が初めからあるかのような幻想がこれまで支配的だったことが問題である、ということですね。

そのときに、自立的個人に対する依存的な主体については、自己矛盾のような話ですが、人間はヴァルネラブルな存在、傷つきやすい、脆弱な存在だからケアが必要な存在である、しかしだからこそ、その傷つきやすさ、脆弱さというものが、まさにプロテクションを求め、そこから法による保護、権力による保護などが求められてくるというプロセスもあり得ます。

さらに言うと、なぜ主体は脆弱で傷つきやすいのかといったときに、常に暴力にさらされ、暴力に対して無力である、パワーレス powerless であるという面があると思います。

つまり、ある種暴力が偏在しているという、先ほどの夜道の話のように、いつでも暴力にさらされていることから傷つきやすさが出てくるわけで、暴力がなければそういうことは言えないわけでしょう。保護者が子どもの養育を放棄してしまうことも一種の暴力でしょう。そうすると、傷つきやすさ、脆弱さ、そしてケアする責任というのは、むしろ、たえず暴力にさらされていることを認めるざるをえない、ということになります。

それをどのように考えるのか。そこから、権力や法によって暴力を規制すべきだという議論が出てくるだろうし、これまでのところそれは国家がやるべきことだと考えられてきている。さらにそれを国家レベル、また変貌はしていますが依然として現在国家間システムとして国際社会が存在しているなかで、その国家主権自体がこれまでのように自明的、絶対的なものではないとなってきたときに、それに代わってどのような政治的な主体を考えていくのかが問題になってきます。

私は、主権国家の主権性が脱構築されたときに、相互依存的な国際関係、依然として国際関係といっている以上は国が単位になっているように感じられますが、主権国家の主権性が抑制され、弱められていったときに、世界的な規模でのある種のケアする主体が想定されないと、人間の傷つきやすさ、脆弱さが守られないように思いますが、そのへんはどうでしょうか。

岡野　いまの高橋さんのお話は、こういうかたちで人間が弱くて脆弱だといったときの前提として暴力が偏在していて、だからこそ暴力に対してヴァルネラブルだ、という議論がもちろん成り立つし、そうすると逆に、セキュリティ能力を高めて、さらに暴力で暴力を押さえ込むような方向へもこの議論は使われるのではないかという話が含まれていますね。

高橋　含まれています。ただし、私はそれに対しては、そのような方向に行ってはまずいと思っているわけです。それでは、不安をあおることによってますます強大な暴力を要請することになってしまいます。その悪循環を断ち切らなければならない。実際いま日本が安倍政権のもとで置かれているのは、そうした状況です。

ケアの倫理と国際関係

岡野　私がケアに着目する理由の一つは、人間は依存する存在であるということを政治学が認めてこなかったからです。つまり、生まれてから死ぬまで人は、多くの時期において依存する存在ですし、また事故に遭うなどして他者に依存するということが現実的であるにもかかわらず、なぜ政治学がケアされる存在であることを認めないできたかというと、他者に依存することに対する恐怖感があると感じたからです。

つまり、自分より強い存在に依存することは、他者の圧倒的な支配にもなるし、暴力にさらされる危険性が高まる。だからこそ、他者に依存しない自立的な存在が理想だし、自立する存在であることによって対等な関係を築くことで、暴力の誘因をなるべく減ずる。力の圧倒的な差があると、そこに暴力の誘因が働きます。弱い存在が他者に依存すると暴力にさらされる可能性が非常に高まり危険なので、人間は対等な個人間の関係で政治を動かし、国際関係も対等な国家、どんなに弱小な国家であっても対等な一個のソブレン（主権、主体）をもっているというストーリーをつくってきました。

弱い存在が他者に依存するのは、暴力を誘発する、暴力の誘因はそこに働きますが、実際には人類の歴史は、弱い存在は強い他者に依存して大人になってきたわけです。そこに暴力の誘因はあるし、だからこそ家庭内でネグレクトや幼児虐待、殺人も起ります。ところが多くの場合、それは回避されてきたと思いますし、そこに強く働く倫理観がケアの倫理だと思います。つまり、どんなにその子を憎らしく思っても、葛藤するなかで母はなんとか暴力を避けようとしてきたし、多くの場合は殺さなかった。

ですから、政治学がこれまで長い間語ってきた、弱い存在が他者に依存すると暴力にさらされる、というのは、ある種の後知恵的に付けた、理想的な環境でケアされたことを忘れた〈男性〉が、弱い存在に対して暴力的に向かう自分の欲望を、自分が育ってきた母的なものとの関係性に投影しただけではないか。しかしそれはあくまで依存的存在であることを認めたくない男性がつくったストーリーです。暴力に現実にさらされているのではなく、暴力を誘発する危険性に対してはヴァルネラブル（vulnerable、傷つきやすい）ですが、それは回避できる。

ヴァルネラブルという言葉は、able ですから、危険性がある、可能性があるという意味で、だからこそ回避可能です。ケアの倫理では、人が危険にさらされる可能性をなるべく回避していくことが一番大きな主張です。それは母親業をしていた人たちの実践、弱い存在で気まぐれで泣いたり自己主張が強い子との対決のなかで、学んできた非暴力的な態度は、おそらく政治学を形作っている大前提の人間関係のあり方、つまりエゴイスティックで自分だけの幸福を追求しているような人たちとの関係性とは違う関係性を示しています。政治学にはよい関係ではなく最悪の関係の現実から出発する傾向がありますが、人間はそこまでエゴイスティックではないし、そういうエゴイスティックでない関係があったからこそいま私たちがある、ということを重視していくかたちで、人間像を作り変えていけば、違うかたちの制度設計に私たちは思い至るのではないか、ということです。

ですから、暴力を誘発する、現実の力の強弱、国家のあり方もそうですが、弱さを見せると相手にやられるかもしれないという心性の在り方を変える。そうした心のあり方は、翻せば自分が強ければ弱い相手は支配するということです。つまりプロテクションがいつの間にか、支配―服従関係にすり替えられているような気がします。私が母親業でみようとしているプロテクションとは、保護していても押さえつけたりしないし、弱い存在がまったく別の個人として、別人格として育っていくのを見守るかたちのプロテクションです。そこではその子の何らかの力を発揮できるようなかたちで保護する。そのことと、安全保障の前提としている相手よりも弱くない、相手よりも物理的に強い、あるいは対等であることを見せつけておかないと、相手から支配されるという論理は決定的に違う。支配されないためには物理的な暴力をどんどんと積み上げていって、強大になっていくというサイクルとは違うサイクルができる可能性が、ケアの倫理の主張のなかにあるのではないか。ということが、私が感じていることです。
　どうして日本が東アジアのなかで相対的に力を落としていくことが、インセキュア insecure な安全保障の問題として語られるのか。なぜ相手が大国になったらここまで不安になるのか、私には世間で言われているほど自明ではありません。

高橋　それは、あえていまの説明に基づいて言いますと、大国が母のような存在で小さな弱いものをちゃんとプロテクトしてくれる、ケアしてくれるということが信頼できればいいのですが、そうは言えないからでしょう。これは母に対しても、ちゃんと大人になってきたのは、ケアしてくれる人がいたからだと、それを忘れているに過ぎないというのはよくわかります。母との関係は、もしもその母が暴力的であったら、母でなくても男の方が暴力的でしょうけれども、そういう母によって虐待されたりしたら本当に人間というのは成り立たなくなってしまう、それぐらい重要な関係だと思います。
　ただ、それを国際関係の場面にもってきたときに、なぜ日本人が不安になるかというと、やはり相手が強く大きくなれば、こちらもそれだけ強く大きくならなければ不安だという、一般的な心理メカニズムなのでしょう。大国を母のような存在として想定できるかと問われたら、どうですか?

岡野　私がケアの倫理を国際関係に活かすような倫理として想定する理由は、大国に依存するということではなく、力の強弱があると支配―服従関係だ、つまり、相手と常に対等でないとそこに平和な関係が築けないという想定の仕方がおかしいのではないかと疑問を投げかけているからです。現実の国際社会には力の強弱があるとしても、弱い国だからといって、国際関係上、国際法的にもそこは支配―服従にはならない。弱いからといって攻撃してはいけないという築き上げたルールがあります。

高橋　それは、一国内でいえば一人ひとりの個人がすべて主権的主体として人権の主体になるというのと、いわばアナロジカルに、小国であったとしても、また弱国であったとしても、大国や強国と同じ主権をもつ、つまり何者によっても犯されない主権性をもつという論理によって、何とか保障されてきたのではないでしょうか。そうすると主権という概念そのものは廃棄できない、むしろそれによってそういうことが可能になったと考えられるとしたら、そこはどうなるでしょう?

岡野　そこは、ソブレンといっても排他的なインディペンデンス（独立）とするよりも、支配や抑圧からの自由というわりと消極的なかたちで〈～からの自由〉のもっている重さ、こちらの方を重視したかたちの主権性というかオートノミー（自律性）にすれば、それほど強いかたちでソブレンと想定せずにすみます。ソブレンだから内政不干渉だとして国際的ななかでいろいろなネゴシエーション（交渉）を受け付けないかというと、外交がその役割を果たすべきで、さまざまな摩擦が起きたときに内政に関してもお互いにネゴシエート（交渉）するような場は開かれているので、消極的なかたちのソブレンといえば、抑圧、支配からの自由を主張できる。何でも国内で決めていいということにはならないとは言えるのではないでしょうか。

少なくとも、対等でないとやるかやられるかといった関係を国際関係に投影してしまう、ホッブズ的な自然状態として見てしまう背景には、私の考えではリベラルな主体像がもっている強い個人、自分で決めることが一番いい、自分でつくった法律に従うことが人間にとっては自由なんだという強い規範意識が作用していると思います。弱い自分を認められない。あるいは、他者に依存してきたということを自分の過去から否定したい。なので、ある種の男性たちにとっては、女は対等な人間ではなく、女はモノであって、母親は個人ではない、つまり母は尊重すべき他者ではないので、自分は他者に依存してきたのではない、と思い込んできた。フェミニストはそのように分析しますね。

諸国民の公正と信義に信頼する力

高橋　実は今の話は、現行憲法をどう評価するかにつながっていて、改憲派の人たちが前文のなかで一番問題にするのはそこではないでしょうか。「諸国民の公正と信義に信頼して、われらの安全と生存を保持しようと決意した」。

岡野　安倍氏が、他人任せのようで恥ずかしいといったところですね。

高橋　そこなんです。「諸国民の公正と信義」といっても、北朝鮮や中国はそうなっていないでしょうと言うわけです。特定秘密保護法に、長谷部恭男氏〔早稲田大学教授、憲法学。〕は賛成しましたが、彼は大前

提をそこから始めています。※9

岡野　私もあれには少し驚きました。

高橋　長谷部氏は九六条の改正は反対だし、集団的自衛権も解釈改憲には反対だと言っていますが、秘密保護法に賛成した出発点はそこにあるようですね。この「諸国民の公正と信義に信頼して」というのは、それに対して、ケアする主体の公正と信義に信頼してというふうに聞こえます。

岡野　いまから、つまりゼロから信頼関係を築くときに、信頼関係を壊してしまったらそれこそ暴力的な関係になるかもしれないといったときに、相手を信頼できるということは、すごく勇気あるジャンプのような気がします。相手がどういう人かわからないのですから。

高橋　その通りだと思います。そこは重要なところです。

岡野　強さ、弱さという表現は使いたくないのですが、相手をそれでも信頼する、相手を信頼するということは、自らも信頼されるべき存在になることをもちろん含んできます。そうすると対応の仕方が違ってくる。北朝鮮に対しても、中国に対しても。「あいつらは信頼できない」と言っている日本の側は、あきらかに歴史的にも朝鮮半島を見下している、中国をいま大国として認められないのは、日本だけといっても過言ではありません。日本がもっている中国観と、いまの国際状況のなかで中国が果たしている大きな役割はまったく異なっていて、そのギャップを〔日本は〕認められない。相手が強いということを認められないわけです。そのときに少なくとも戦後七〇年、国際社会のなかでそれなりに歩んできた日本がみせる、強さ、というと語弊があって嫌ですが、信頼する能力を見せる、だからこそ私たちも信頼できる存在になるという相手に対する態度の示し方があるにもかかわらず、語弊のある言い方ですが、日本はあまりにも子どもじみているし、これも語弊がありますが、大人の国、独立国としてとるべき態度ではないでしょう。語弊が多くてすいません（笑）。

高橋　私も同感です。そこが大問題ですね。日本は東アジアで最初に近代化した、ようするに西欧化したということで、圧倒的な軍事力、経済力を戦前はもっていた。だからその格差を利用して周辺を支配したし、また支配しようとした。ところが、当時でも中国を屈服させることはできなかったわけです。そして戦後、現憲法のもとでやってきましたが、高度経済成長で世界第二の経済大国になった時代、ジャパン・アズ・ナンバーワンと言われたのを額面通り受け取って、東アジアでは本来的に日本がナンバーワンという思いを政治家ももってきただろうし、企業人、経済人ももってきたと思います。ところが、今やそれが成り立たなくなったことは、誰の目にも明らかなのにそれを認められない、認めたくない。政治家もそうですし、企業人もそうですし、一般の人々もそうです。

ですから、いまヘイトスピーチやナショナリズムに走っている人たちは、格差社会の底辺にあえいでいる人たちだという議論がありますが、私は必ずしもそうは思いません。むしろ中堅からエリート層が、日本がナンバーワンだと思っていたら中国の経済規模が二倍になっている、軍事力も強大化しているし、かなわない。しかし、その現実を認めたくないから、週刊誌や日刊紙の見出しに連日踊っていますが、もう韓国経済は沈没だとか、中国崩壊だなどといって自分を慰めている。

そういう意味では、小国寡民〔国が小さく、人口が少ないこと――老子〕という考え方、これは戦前もありましたが（石橋湛山「小日本主義」）、そういう選択肢が捨てられてきた。日本は小さくてほどほどの国でいいんだと、まさに「諸国民の公正と信義に信頼して」生きていける道を探るべきで、そのための必死の外交的努力をこれまでしたことがないのですから、それをして中国や北朝鮮との関係を改善していく。それを安倍首相はしていない。挑発するだけで。

ただ、仮に中国や北朝鮮を見下している状態ではないとしても、相手がどう出てくるかわからない、他者とは本質的にそういうものを含んでいますね。母だって虐待をする。その可能性は他者が他者である限り必ずあるので、信頼というのは一つの賭けなんですね。それに賭けるためにも、信頼が裏切られたときの担保はやはり必要ではないか。そのときの担保をどこに求めるかが問題です。

岡野　軍事的ではないかたちでの安心というのはどのように担保できるのか。最後は万が一何か起ったときにどうするのか。私が思っていることを言いますと、最終的にはレスキュー、どのような爆撃をされるかなどはわかりませんが、私は国内で被害にあった人たちをどのように迅速に避難させるか、保護するか、医療など救急体制を整備していく。そういう意味で万が一に備えれば憂いなしという方向に、どうしていかないのだろうと思います。国民にとっては、攻撃に行くより守って欲しいというのが先に立っています。自衛隊が外に行ったら、日本国内では丸腰でいるのかと。

高橋　その場合、集団的自衛権行使は批判できますが、個別的自衛権行使は認めることになりますね。そのための武力の準備、使用もまた認めるということになります。そういう状況をつくらないためにあらゆる努力をするのが、政治であり政府の役割なんですね。ですから、そのような状況をつくってしまった段階ですでに、政府の責任だと思います。

岡野　政治の破綻です。

高橋　だから私たちは徹底的に平和外交でもって安全保障を担保するような関係を周辺国とつくれ、ということを憲法を通じて為政者に命じていかなければいけない。けれども、まさに政治が破綻したときに、国民を守る必要があるとして軍事力に頼ろうとする意見が出てくる。

岡野　ですから市民のレベルでは、朝鮮半島や中国ともいろいろな文化交流をしていて、中国などでもシンポジウムをしたりしています。歴史家同士の交流もあります。ところが本来、市民の交流をバックアップして、そういう場を設定していかなければならないはずの政府がそれを台無しにして、いままったく外交努力を怠っているし、実際にどのような議論をしているか外交の情報を、私たちに知らせません。外交と安全保障は機密で、お互いに裏で会って交渉していても、〔そのような情報は〕まったく漏れてこない。新聞報道で見るかぎり、いま、政府は暴走しています。そして、二〇一四年一二月の選挙で「信を得た」と言う安倍政権は、さらに集団的自衛権行使に向かって暴走していくでしょう。「国益」や私たちの安全を無視するかたちで、政治家が自分の権力を濫用して、なぜあんなに軍隊をつくりたいのか、武器をもたないと「一人前」になれないというのか。

高橋　そういう努力が破綻した場合、どうなるのか。そんなに「諸国民の公正と信義に信頼する」といって丸腰でいいのかという議論は政治家だけではなく、国民の間に、普通の人の間にあるものです。これに対して、他者から信頼を裏切られることもあり得る、というところをどうするのかと言ったときに、一つは主権国家の主権を制約するものとしての国際法秩序というものをもっと実効的なものにしていかなければならないと思います。

それをつくるためには、やはり政治が必要で、世界レベルでも実際にあるものから出発していくのが賢明だと思いますから、国連を改革していくことになるでしょうし、東アジアにおいてはこれからつくらなければいけません。それをまったくしていないのが問題ですが、東アジアのなかで政治的に、可能な限り信頼関係が破綻することを避けるための秩序、あるいは破綻したときに武力衝突に至らないような装置というものを政治的につくっていかなければいけない。それが急務なのではないか。

言い換えれば、そのレベルでの政治なり政府の正当な権力といったものは必要ではないかと私は思っていて、最後は権力とは何かという話になってくるのではないかと思います。

市民として動く

岡野　いまの外交や安全保障は専門家、いわゆる権力者が情報を独占しているかたちで、権力を行使していくのが、一つの権力行使のパターンですが、もう一つは、機密というものについてどこまで公開できるか私もわかりませんが、たとえばいま日本がこういう状況に置かれていて、こういう懸案があります、どうしたらいいかと国民に広く問いかけて、みんなの知恵を集めていくなかで交渉していく。中国の知識をたくさんもっている人もいるでしょうし、いろいろな力を使える、みんなでよりよい解決策を見つけていくプロセス、これが私のもう一つの権力観です。アーレント的な分有される権力、みんなで何かを考えたり、みんなで何かを動かしていく。みんなで分有している力です。ある行為がどのような結果になるのかわからないところがアーレントの自由概念の核心ですが、その不安定さを克服する一つに約束の力があります。そうしたプロセスのなかに国民が入っていけるような討論の在り方、アーレント的にはそれが公共性であり、民主主義のプロセスです。みんなが日本の政治とか、自らの生活にかかわることを自分でも決定できる、結果は一人ひとりの思い通りにならないかもしれませんがプロセスに参加できるという政治参加の在り方は、日本にはほとんどまったく存在していない。〔改憲問題が緊迫して〕すこし出てきたかもしれませんが。

高橋　いまの日本国憲法下でそれは保障されていないと思いますか？　いまの日本国憲法下の政治体制がアーレント的ないま言われたような権力観とかけ離れていると思いますか？

岡野　思わないですね。形骸化していますが、憲法上、最高機関が国会なのですから私たちの代表を送り込んで、そこで私たちの意見を表明してもらわなければならない。ただ、二〇一四年一二月の解散総選挙の戦後最低の投票率を見れば、投票だけが民意の表明といった現在の民主主義のあり方は大きく問い直されていることは確かです。地方議会もあって、そういう意味での参加は開かれています。ところがいまとても問題だと思うのは、行政権の突出、いまの安倍政権がまさにそうです。集団的自衛権の行使容認という重大な事案を、閣議決定で決めてしまった。そういう意味では、違憲内閣です。最高機関である国会への侮蔑観、自分の意見以外には耳を傾けない態度は、国会を最高機関とする憲法のもとでは、振る舞いとしては間違っている。憲法の下での国政を行なっていないと私は思っています。

ただ、法律というのは利用しないと形骸化するので、それは一つには国民一人ひとりの怠惰もあるだろうと思います。その反省のもとに京都九六条の会を始めたということもあります。非力ながら、少しでも市民として動く、人に頼っていては何も動かない。今回は、自分からやらないといけないなという気になりました。

高橋　最後に、日本の民主化の必要性みたいな話になりました。日本では歴史的に民主主義を自分たちでつくりあげたという経験をもたないので、「お上」に任せるという習性が社会のなかに残ってしまっている気がします。残念ながら、帝国憲法は言うに及ばず日本国憲法でも、これは日本のピープル people が自分たちのなかからこういうものをつくりたいと言ってつくったものではない。戦争の時代、日本軍が、国外で暴れているときは勝った勝ったと聞かされて疑問をもつ人が少なかった。戦争の最終盤になって、米軍機からの空襲にさらされ、原爆が落とされて、それでも革命もクーデターも起こりませんでした。敗戦後も皇居前で、やらせだったという話はありますが、皇居に向かって土下座して謝罪をする国民がいた。日本国民の手で戦争責任の追及をしませんでした。

岡野　それは大きいですね。

高橋　この憲法は、占領下で日本国政府が出した憲法草案、松本烝治《じょうじ》がつくった憲法草案が、明治憲法の天皇体制に手を付けていないし、民主主義的な憲法案ではなかったため、マッカーサー草案を突きつけられて、その後、衆議院、参議院で検討し、帝国憲法の改正手続に従って成立したことになっていて、国民もこれを歓迎しましたが、しかし、自分たちでつくったわけではありません。

鳩山一郎政権のときに憲法が選挙の争点になったことがありますが、自民党の初期の頃で、国会には野党が三分の一いたので改憲はできなかった。戦後七〇年近くに及ぶ改憲派の主張にもかかわらず、日本国憲法は変わらず今日まできた。これを一〇〇年続ければ市民革命に匹敵すると樋口陽一さんは言っていますが、私もそう思いたいですけどね。

先のことはわかりませんが、三一年後の、現行憲法制定一〇〇年目の市民革命を岡野さんに託すということで、とりあえずの結論としましょうか（笑）。

〔補注〕

※1　「外務省はそれらの国々の当局にあてて、ドイツ帝国は現在ユダヤ人を一掃しつつあり、それ故外国系ユダヤ人を反ユダヤ措置に巻き添えにしたくなければ彼らを本国に召還することが絶対必要である旨書き送った。」（アーレント、大久保和郎訳『イェルサレムのアイヒマン』みすず書房、一九六九年、一二六頁）

※2　エビアン会議は、一九三八年七月六〜一五日に開かれた、フランスの避暑地エビアンでの三二カ国の代表によるドイツ系ユダヤ人難民の受容れについての会議。

※3　ミュンヘン会議は、一九三八年九月二九〜三〇日に開かれた、チェコスロバキアのスデーデン地方の帰属問題を話し合う英独仏伊の首脳会議。ヒトラー政権とムッソリーニ政権による侵略について、弱小国を犠牲にして、英仏が妥協しようとした宥和政策のピークと言われる。

※4　国連憲章第2条4項「すべての加盟国は、その国際関係において、武力による威嚇又は武力の行使を、いかなる国の領土保全又は政治的独立に対するものも、また、国際連合の目的と両立しない他のいかなる方法によるものも慎まなければならない。」

※5　絞首刑を合憲とした判例（最高裁判所大法廷昭和三〇年四月六日判決）「刑罰としての死刑は、その執行方法が人道上の見地から特に残虐性を有すると認められないかぎり、死刑そのものをもつて直ちに一般に憲法三六条にいわゆる残虐な刑罰に当るといいえないという趣旨は、すでに当裁判所大法廷の判示するところである。現在各国において採用している死刑執行方法は、絞殺、斬殺、銃殺、電気殺、瓦斯殺等であるが、これらの比較考量において一長一短の批判があるけれども、現在わが国の採用している絞首方法が他の方法に比して特に人道上残虐であるとする理由は認められない。従つて絞首刑は憲法三六条に違反するとの論旨は理由がない。」

※6　死刑制度を合憲とした判例（最高裁判所大法廷昭和二三年三月一二日判決）「（前略）弁護人は、憲法第三六条が残虐な刑罰を絶対に禁ずる旨を定めているのを根拠として、刑法死刑の規定は憲法違反だと主張するので

ある。しかし死刑は、冒頭にも述べたようにまさに窮極の刑罰であり、また冷厳な刑罰ではあるが、刑罰としての死刑そのものが、一般に直ちに同条にいわゆる残虐な刑罰に該当するとは考えられない。ただ死刑といえども、他の刑罰の場合におけると同様に、その執行の方法等がその時代と環境とにおいて人道上の見地から一般に残虐性を有するものと認められる場合には、勿論これを残虐な刑罰といわねばならぬから、将来若し死刑について火あぶり、はりつけ、さらし首、釜ゆでの刑のごとき残虐な執行方法を定める法律が制定されたとするならば、その法律こそは、まさに憲法第三六条に違反するものというべきである。前述のごとくであるから、死刑そのものをもつて残虐な刑罰と解し、刑法死刑の規定を憲法違反とする弁護人の論旨は、理由なきものといわねばならぬ。」

※7　一九七二年、ファーマン対ジョージア州事件、ジャクソン対ジョージア州事件、ブランチ対テキサス州事件で死刑は残虐な刑罰であるという判決が出された。

※8　ジャック・デリダ著、宮﨑裕助訳「アメリカ独立宣言」、『思想』二〇一四年第一二号（第一〇八八号）掲載。

※9　『朝日新聞』二〇一四年一月一九日、長谷部・杉田両教授対談記事「（特定秘密法から考える）秘密法は立憲主義を守れますか」。

長谷部「世の中にはいろいろな考え方をする人がいて、しかも何が正しくて何が正しくないか、そう簡単に決着がつかない。多様な考えを持つ人たちが、何が正しいかをめぐって殴り合ったり殺しあったりすることなく、公平に暮らしていける枠組みをつくらなければならない。それが立憲主義の考え方。権力が制限されるのは、みんなを公平に扱う社会の仕組みをつくるためです。

しかし世界には今、中国や北朝鮮のように立憲主義の考えをとっていない国がある。私たちはそれらの国々から、憲法の定める自由で民主的な現在の政治体制を守らなければならない。そのために秘密法をつくり、特別に保護されるべき秘密が外に漏れないようにする必要があるのです。」

あとがき

岡野八代さんとの対談を終えてしばらくすると、安倍晋三首相は衆議院を解散し総選挙に打って出た。戦後史上最低となった投票率を挙げるまでもなく「大義なき選挙」に対する国民の関心は低かったし、自民党の「圧勝」と喧伝された選挙結果にもどこか白けたムードが社会を覆っていた。しかし、安倍首相は選挙後、「憲法改正は悲願であり、自民党結党以来の目標だ」、「憲法改正の必要性を訴えていきたい」と述べて、改憲に意欲を示した。自民党憲法改正推進本部の礒崎陽輔事務局長は「参院選までに改憲案を作りたい」と述べ、二〇一六年の参議院選挙で憲法改正を争点にする可能性を示唆した。総選挙の自民党の公約集では、憲法改正は最後の最後にまったく目立たぬ形で触れられていただけで、選挙戦中も首相らの口の端に上ることはなかったにもかかわらず、である。

「争点隠しだ」とか、「騙された」とか、今さら言うことはできまい。自民党は「憲法改正草案」を発表しているのだし、安倍首相とその政権が改憲を掲げてきたことは国内外で周知の事実なのだから。最も早ければ来年の参議院選挙後、遅くとも今後の任期四年のうちに安倍首相が勝負に出てくる確率は非常に高いと言うべきだろう。対抗する側にそれを迎え撃つ準備ができているかと言えば、まことに心もとないと言わざるをえない。それどころか、現在のこの国では、政治の「右傾化」はとどまるところを知らず、市民社会にも排外主義とナショナリズムが浸透し、統治権力と市民社会の間にあって批判的役割を果たすべきジャーナリズムや「知識人」も、甚だしく保守化・無力化している。このまま行けば、戦後民主主義と平和主義に最終的な死亡宣告が下される日も遠くないように見える。

だがここで諦めるわけにはいかない。現行憲法下の約七〇年間にこの国に撒かれた、民主主義と平和主義の種を潰すような企てを許すわけにはいかない。そんな思いを同じくする岡野八代さんと、今この時に対談することができたのは、私にとって得がたい幸運であった。人間的・思想的に信頼を寄せる岡野さんが相手だからこそ、通常の改憲・護憲論議の枠を超えて、死刑や天皇制、マイノリティや性的少数者の権利、人道的介入といった諸問題をも率直に議論し合うことができた。思想的に確かに「護憲派」である私が、現行憲法の少なからぬ部分に不満を持っていて、「改憲」「加憲」したいと思っている条文が一、二にとどまらないことを明確にできたのも今回が最初であった。時間と紙幅の制約で詰め切れなかった部分については、いつかまたお手合せをお願いしたいと思っている。

最後になったが、現下の情勢に危機感を募らせ、著者二人の対談を熱い心で推進してくださった白澤社の吉田朋子氏、坂本信弘氏のお二人に、この場を借りて感謝申し上げる。

二〇一五年一月七日

高橋哲哉

《著者略歴》

高橋 哲哉（たかはし てつや）

1956年生まれ。東京大学大学院総合文化研究科教授。専攻は哲学。

主な著書に『逆光のロゴス——現代哲学のコンテクスト』（未来社）、『記憶のエチカ——戦争・哲学・アウシュヴィッツ』（岩波書店）、『デリダ——脱構築』、『戦後責任論』（講談社）、『反・哲学入門』（白澤社）、『教育と国家』（講談社現代新書）、『靖国問題』（ちくま新書）、『国家と犠牲』（ＮＨＫブックス）、『犠牲のシステム　福島・沖縄』（集英社新書）など。

岡野八代（おかの やよ）

1967年生まれ。同志社大学大学院グローバル・スタディーズ研究科教授。専攻は西洋政治思想史、フェミニズム理論。

主な著書に『法の政治学——法と正義とフェミニズム』（青土社）、『シティズンシップの政治学——国民・国家主義批判』（増補版、白澤社）、『フェミニズムの政治学——ケアの倫理をグローバル社会へ』（みすず書房）。訳書にエヴァ・キティ『愛の労働あるいは依存とケアの正義論』（監訳、白澤社）、アイリス・ヤング『正義への責任』（共訳、岩波書店）など。

憲法《けんぽう》のポリティカ——哲学者《てつがくしゃ》と政治学者《せいじがくしゃ》の対話《たいわ》

2015年3月10日　第一版第一刷発行

著　者　高橋哲哉
　　　　岡野八代
発行者　吉田朋子
発　行　有限会社 白澤社《はくたくしゃ》
　　　　〒112-0014　東京都文京区関口1-29-6　松崎ビル2F
　　　　電話　03-5155-2615／FAX　03-5155-2616／E-mail：hakutaku@nifty.com
発　売　株式会社 現代書館
　　　　〒102-0072　東京都千代田区飯田橋3-2-5
　　　　電話　03-3221-1321㈹／FAX　03-3262-5906
装　幀　装丁屋KICHIBE
印刷・製本　モリモト印刷株式会社
用　紙　株式会社山市紙商事

 ISBN978-4-7684-7958-2